"별들이 저렇게 아름다운 것은
보이지 않는 한 송이 꽃 때문이야."

-『어린 왕자』에서

―

가장 중요한 것은 눈에 보이지 않습니다.
마음으로 찾아야 해요.

캄캄한 밤하늘 작은 별을 보며
미소 지을 수 있기를 바라봅니다.

선생님도 어렵다
별난 아이 키우기

선생님도 어렵다
별난 아이 키우기

정송희 지음

추천사

부모라면 누구나 겪게 되는 혼란, 고단함, 그리고 희망의 순간들이 이 책 속에 진솔하게 담겨 있다. 초등교사이자 ADHD 아이의 엄마로서 저자는 자신의 경험을 바탕으로 현실적인 양육 방법과 부모가 가져야 하는 마음가짐을 따뜻하면서도 솔직하게 전한다. 특히, 치료 과정에서 겪는 어려움과 감정의 소용돌이를 가감 없이 나누며 같은 길을 걷는 부모들에게 위로와 공감을 건넨다.

또한 효과적인 ADHD 아이 양육법과 더불어 부모 스스로의 건강을 챙기는 팁까지 제공하여 실질적인 도움이 되는 가이드가 되어주는 이 책. ADHD 아이를 둔 부모뿐만 아니라 의사, 교사, 상담사, 그리고 아이를 이해하고 돕고자 하는 모든 이에게 소중한 지침서가 될 것이다. ADHD 육아의 여정을 함께 걸어가는 이들에게 따뜻한 위로와 실용적인 조언을 전하는 이 책을 적극 추천한다.

지니정신건강의학과 전문의 **박은진**

초등교사이자 ADHD 아이 별이의 엄마인 저자는 학교와 가정에서 부딪힌 현실적인 고민과 따뜻한 시선을 이 책에 담아냈다. ADHD 아이를 키우며 막막함을 느끼는 부모들에게 위로와 길잡이가 되어줄 것이다. 특히 '조용한 ADHD' 아이를 키우는 부모라면 꼭 읽어보길 권한다. ADHD 육아는 쉽지 않지만, 함께라면 더 멀리 나아갈 수 있다. 이 책이 부모와 교사 모두에게 든든한 동반자가 되어줄 것이라 확신한다.

중등교사, 『우리 아이가 ADHD라고요?』 저자 **이사비나**

책을 읽는 내내 오롯이 함께 배에 오른 승객이 되고 말았다. 눈 앞에 펼쳐진 거친 파도를 헤쳐 나가야만 하는 어린 선장이 있다. 그 선장 곁에는 매섭게 튀어 오르는 물살을 묵묵히 함께 맞아 주는 굳건한 어른 선원도 보인다. 정해진 항로가 아니더라도, 좀 오래 걸리더라도 내 아이에게 꼭 맞는 평온한 항로를 찾아가는 여정이 놀랍도록 아름답다.

초등교사, 『소녀들에게는 사생활이 필요해』 저자 **김여진**

일러두기

1. 레고처럼 무엇이든 꿈꾸는 대로 만들어가는 삶. 오늘도 차곡차곡 하루를 쌓고 있는 17년 차 초등교사이자 두 아이의 엄마, 레고프렌즈쌤입니다. 수많은 육아서의 "~해야 한다. ~하면 안 된다."라는 지침에 지친 분들을 위해, 가볍고 쉽게 다가갈 수 있도록 '레프쌤의 팁'을 장마다 덧붙였습니다.

2. 책에 등장하는 아이들의 이름은 모두 가명을 사용했습니다. 별, 달, 강, 산, 바다, 구름……. 지금은 각자의 어려움을 겪고 있지만, 앞으로 건강하고 밝게 자랐으면 하는 바람과 애정을 담아 아이들을 예쁜 이름으로 불러 봅니다.

Prologue
기도하는 마음으로

"선생님, 올해 바다는 괜찮아요?"

"아니요, 요즘 부쩍 힘들어요. 수업에 집중하기 힘들어하고 친구들이랑 자주 싸우네요."

"안타깝네요. 바다가 작년에 우리 반 귀염둥이였어요. 춤추고 노래하는 것을 좋아하는 흥이 많은 친구죠. 학기 말에 수업 태도도 많이 좋아졌구요."

"바다가 표현능력이 뛰어나긴 하죠. 국어 시간에 얼마나 실감 나게 연기를 하던지. 앞으로 바다랑 춤추고 노래하는 활동을 많이 해봐야겠어요."

"네. 바다가 행동이 거칠긴 하지만 가정에서도 많이 협조해주셔서 한 해를 무사히 마칠 수 있었어요."

"맞아요. 저도 그래서 마음은 덜 힘들더라고요."

교사연구실에서 우리 반 아이의 작년 담임선생님을 만나면 그렇게 반가울 수가 없어요. 바쁜 선생님을 붙잡고 한참을 물어봅니다. 아이의 재능에 대해서 이야기하며 아이와 소통할 수 있는 방법을 배우기도 하고, 서로의 어려움에 공감하며 위로받기도 합니다.

초등교사로서 아이들을 만나는 것이 올해로 벌써 17년. 중간에 육아휴직을 하면서 잠시 학교를 떠나 있었지만, 아이들과 함께한 시간이 짧지는 않지요. 긴 세월 매일같이 학교에서 아이들을 만났으면 이제 좀 쉬워질 때도 됐는데, 어떻게 교실은 갈수록 어려워지는 것 같습니다.

코로나 이후 초등학교에는 ADHD 아이들이 부쩍 늘어났습니다. 전에는 한 학년에 한두 명 있을까 말까 했는데 요즘은 반마다 한두 명은 있어요. 코로나라는 전염병이 우리 아이들을 아프게 한 걸까요? 아니면 2년 정도 학교를 제대로 다니지 못해서 그런 걸까요? 코로나 시기를 지나며 우리 집에도 ADHD라는 손님이 찾아왔습니다.

별처럼 반짝반짝 빛나는 아이가 되기를 바라며 사랑으로 키운 아들 별이. 별이는 코로나 2년 차, 초등학교 2학년 때 ADHD 진단을 받았습니다. ADHD라는 단어만 들어도 심장이 철렁 내려앉는 것 같았던 지난날, 매일 기도하는 마음으로 살았어요.

'오늘도 아무 일 없이 지나가게 해주세요.'

별이는 벌써 3년째 치료를 받으며 나름 안정된 생활을 하고 있지만, 학교에서 ADHD 아이들에 관한 이야기가 들릴 때마다 마음이 무겁습니다. 도둑이 제 발 저린다고, 우리 별이 이야기도 아닌데 괜스레 죄송한 마음이 들기도 합니다. ADHD 아이를 가르치는 것이 얼마나 힘든 일인지 알기에, 제대로 된 권한과 지원 없이 책임만 가득 짊어진 담임선생님의 모습을 보면 안타까울 뿐이에요.

주의력결핍과잉행동장애. 이름부터 거창한 이 장애는 사실 아이의 잘못도 부모의 잘못도 아닙니다. 주의력이 부족해서 생활과 배움에 어려움을 겪고 있는 아이들. 당연히 도움 받아야 하며 치료도 필요합니다. 하지만 그렇지 못한 현실이 모두를 힘들게 하는 것 같아요.

집에서는 ADHD 진단을 받은 별이를 키우고, 학교에서는 ADHD 아이들을 가르치며 아쉬운 점이 참 많았습니다. 가장 힘들었던 것은 아이의 어려움을 솔직히 털어놓고 도움 받기가 힘든 사회의 분위기였어요. 다양한 어려움을 가진 아이들이 '금쪽이'라는 하나의 이름으로 묶여 문제아로 분류됐습니다. 따뜻한 관심과 지속적인 도움이 필요한 아이들을 비난하는 사람들을 보면서 속상했어요. 아이들도 학교생활이 어려운 친구를 '금쪽이'라고 놀리더군요. 우리 아이가 ADHD인 것이 비난받아야 하는 일은 아닌데, 치료를 위해 열심히 노력했던 나날이 허탈하게 느껴지기도 했습니다.

    누구나 쉽게 도움을 받을 수 있으면 좋겠습니다.
    학교가 힘든 아이를 위한 지원인력이 있으면 좋겠습니다.
    부모님이 아이의 치료에 꾸준히 참여하면 좋겠습니다.
    원만한 학교생활을 위해 선생님과 협력하면 좋겠습니다.

엄마이자 교사로서 매일 꿈을 꿉니다. 다양성을 존중하는 학교, 아이들의 웃음소리가 넘치는 동네, 어려움을 보듬고 함께하는 사회. ADHD인 것이 부끄럽고 숨길 일이 아니라 위로와 도움을 받을 수 있는 일이 되길 바라봅니다. 아이들의 다양한 어려움을 이야기하고 함께 방법을 찾아갈 수 있다면 우리 사회가 더 행복해질 수 있다고 생각해요.

우리 별이가 ADHD라는 사실은 영원히 비밀로 하고 싶었습니다. 아이가 상처받지 않도록 꼭꼭 숨기고 싶었어요. 하지만 용기를 내보기로 했습니다.

> "별들이 저렇게 아름다운 것은 보이지 않는 한 송이 꽃 때문이야." -『어린 왕자』에서

남들이 보기엔 그저 수많은 별 중 하나일지라도, 그 안에는 우리만이 아는 소중한 꽃이 피어나고 있습니다. 어린 왕자가 별 속에 한 송이 꽃을 발견했듯 ADHD라는 이름 뒤에 가려진 아이의 빛나는 가능성을, 남들과 달라서 더 아름다운 작은 별을 이제는 세상에 꺼내 보이기로 했습니다.

이 책은 ADHD 아이를 키우는 초등학교 교사의 이야기입니다. 아이와 함께 성장하며 마주했던 위기와 슬픔, 그리고 변화와 기쁨의 순간들을 나누고자 합니다. 우리 아이처럼 조금은 특별한 아이를 키우고 있는 부모님들에게 이 책이 따뜻한 위로가 되기를, 그리고 교실에서 고군분투하는 선생님들에게 응원과 힘이 되기를 바랍니다.

2025년 4월, 정송희

 **목차**

추천사 · 004
Prologue 기도하는 마음으로 · 007

1장 **만남**
조금은 특별한 아이를 키우고 있나요?

코로나와 함께 찾아온 불청객, ADHD · 019
돌이켜보니 특별했던 우리 아이 · 025
치료 시작, 할 일이 태산 · 033
우리 반에 ADHD 아이가 둘이나? · 039
ADHD 아이들과 함께한 1년 · 048
교실은 외딴 섬 · 055

2장 일상
오늘도 별일 없이 지나가길 기도하나요?

눈 뜨기 힘든 아침 · 065
나만의 공간이 필요해 · 071
날카로운 말 속에 숨은 뜻 · 078
쉬고 싶어요 · 084
공포의 밤 10시 · 089
잠들기 힘들어요 · 095
나 혼자 산다 · 101

3장 학교
학교생활이 버겁게 느껴지나요?

가슴 떨리는 학부모 상담 · 109
학교생활의 바로미터, 공개수업 · 116
오답 노트가 불러온 감정 폭풍 · 123
난이도 최상급, 친구 · 130
공부는 어려워 · 136
나도 인정받고 싶어요 · 143

4장 도움
ADHD 치료가 망설여지나요?

ADHD 약을 꼭 먹어야 하나요 · **153**

받아들임에도 시간이 필요합니다 · **161**

ADHD 약 부작용과 효과 · **167**

잊지 말고 챙겨요 · **174**

대학병원과 지역병원 · **181**

학교와 지역사회 시스템 활용하기 · **189**

ADHD 아이만 문제일까? · **195**

5장   동행
함께 나아가볼까요?

가장 아이다워지는 공간, 자연 · **205**
크룽한 하루 보내세요 · **212**
책과 함께 놀기 · **218**
아이를 움직이는 강력한 힘 · **224**
엄마는 왜 오빠한테만 친절해요? · **230**
당신 닮아서 그래 · **236**
평온한 엄마의 마음을 위하여 · **242**

Epilogue   아이의 성장을 응원합니다 · **250**
참고도서 · **254**

1장
만남

조금은 특별한 아이를
키우고 있나요?

코로나와 함께 찾아온 불청객, ADHD

 교실에서 수많은 아이를 만났다. 10년 넘게 아이들을 만나다 보니 아이가 어떤 어려움이 있는지 말하지 않아도 보이는 것들이 많았다. 그래서 내 아이에 대해서도 잘 알고 있다고 생각했다. 초등학교 선생님으로서 우리 아이를 남들보다 더 많이 이해하고 깊이 있게 파악할 수 있다고 자신했다. 육아에 있어서는 언제나 겸손해야 하건만, 나의 오만한 태도로 아이가 ADHD라는 사실을 전혀 눈치채지 못했다.

 코로나로 인해 초등학교에 입학하자마자 1학년의 대부분을 집에서 보냈던 별이는 2학년이 되며 등교를 하게 되었다. 매일 학교에 간다는 사실이 얼마나 감격스러웠는지 모른다. 내가 가장 기다린 것은 학기 초 학부모 상담 주간이었다. 별이가 학교에 적응은 잘하고 있는지, 공부는 제대로 하고 있는지 궁금했다. 선생님은 별이가 다른 친구들에 비해서 조금 느리다고 했다. 글씨를 쓰는 속도도, 과제를 해결하는 속도도 느려서 활동 끝맺음이 안 된다고 했다. 무엇보다도 자기 물건을 정리하고 챙기는 기본 생활 습관을 잡아줘야 할 것 같다고 말했다.

별이는 등교를 시작하면서 연계형 돌봄교실에 들어갔다. 방과 후 학교 수업 시간 전후로 남는 시간에 아이들을 돌봐주는 교실이었다. 별이가 돌봄교실에서 머무는 시간은 한 시간 남짓. 그 짧은 시간에 문제가 생겼다.

"어머니, 오늘 별이가 1학년 동생을 때렸어요."

선생님에게 걸려 온 전화에 깜짝 놀랐다. 학급에서는 친구들과 부딪친다는 이야기를 전혀 듣지 못했기에 더욱 당황스러웠다.

"아, 죄송합니다. 1학년 아이는 괜찮나요?"

"네, 1학년 아이가 워낙 장난이 심한 친구라 별이에게 말을 심하게 한 것 같아요. 그래도 동생을 때린 거라 문제가 될 수 있어서 연락드렸어요."

"죄송합니다. 앞으로 이런 일이 없도록 지도하겠습니다."

별이에게 물어보니 1학년 동생들이 자기를 놀려 화가 나서 그랬다고 했다. 놀이 체육을 하는 시간이었는데 체육관에서 1학년 아이들이 계속 놀리면서 쫓아와서 때렸다고 했다. 이해가 안 갔다. 동생들이 놀리면 하지 말라고 하면 될 일이지 왜 도망가지? 동생들이 무서운가?

"아들, 아무리 화가 나도 동생을 때리면 안 돼. 동생들이 놀리면 도망가지 말고 그만하라고 말해야지."

"그게, 동생들이 말해도 안 들어요."

그 사건 이후, 별이는 돌봄교실에 가지 않겠다고 했다. 동생들이 자꾸 자기를 놀린다고 속상해하는 아이를 보며 안타까웠다. 문제가 생기면 적절히 대처하고 해결하는 방법을 배우기를 바랐는데 상황을 피하고 싶다니 난감했다. 태권도 학원도 1학년 동생들을 피해 가겠다는 별이를 보며 걱정이 커져만 갔다.

그리고 며칠 뒤, 별이와 함께 간 놀이터에서 돌봄교실 동생들을 만났다. 놀이터에서 만난 동생들은 별이를 보자마자 소리쳤다.

"그 이상한 형이다!"

여럿이 소리치고 별이를 놀리며 도망갔다.

"잡아봐라~ 못 잡지?"

약이 바짝 오른 별이는 동생들을 잡으러 놀이터를 뛰어다녔다. 달리기가 느려 아이들을 따라잡지 못하고 그만하라며 발을 동동 구르고 소리를 질렀다.

'아, 돌봄교실에서도 비슷한 상황이었겠구나.'

1학년 동생들에게 별이는 나이는 많지만 자기들보다 못한 우스운 존재로 보이는 것 같았다. 아이가 좀 느리면 성장할 때까지 기다려주면 된다고 생각했다. 공부를 좀 못해도 사는 데 지장은 없겠지 싶었다. 아이의 속도대로 키우며 잘하는 것을 찾아주고 싶었다. 그런데 학교라는 공간에서는 다른 아이에 비해 뒤처지면 눈에 띈다는 걸 그제야 깨달았다.

'어떻게 학교 선생님이라는 사람이 그런 걸 모를 수 있지?'

아이들에 대해 잘 안다고 자신하던 내가 정작 우리 아이가 힘든 건 알아차리지 못했다는 것이 너무 미안했다.

두 번의 사건을 연달아 겪으면서 정신이 번쩍 들었다. 돌봄교실에서 동생들과의 문제로 매우 힘들었을 텐데, 별이를 너무 방치했다는 생각이 들었다. 주변 선배 선생님들에게 조언을 구하니 아이가 마음이 힘들 수도 있으니, 전문가 상담을 해보면 어떠냐고 추천했다. 부랴부랴 주변에 예약이 가능한 소아정신과를 찾아갔다. 의사 선생님은 아이의 문제행동에는 다양한 원인이 있을 수 있으니 자세히 검사해 보자며 종합심리검사(풀배터리Full-battery검사)와 주의력검사를 권하셨다. 검사 결과는 ADHD 의심군.

마음이 힘든 아이를 도와줄 생각으로 간 병원이었다. 의사 선생님과의 상담으로 아이를 다독여 줄 것을 기대했는데, ADHD가 의심된다는 말을 듣고 깜짝 놀랐다. 별이는 그냥 좀 예민한 거라고, 남들보다 느리고 고집이 세다고만 생각했는데 주의력 부족이라니! 우리 아이에게 문제가 있다는 사실이 믿기지 않았다. 인정할 수 없었다.

 **레프샘의 팁**

ADHD 아이들의 증상은 정말 다양한 형태로 나타나요. 집에서 보이는 행동만으로는 내 아이가 ADHD라고 생각하지 못할 수도 있습니다. 학교에서 선생님이 아이에게 검사를 권하면 화들짝 놀라며 화를 내는 부모님이 많은데, 아마도 비슷한 이유일 거라고 생각해요. 우리 아이가 다른 애들보다 키우기 힘들지만, 그렇다고 치료까지 받아야 할 문제라고 받아들이기는 쉽지 않으니까요.

학교나 학원, 가정에서 비슷한 어려움이 반복되고 주변 사람들과 갈등이 생긴다면 종합심리검사(풀배터리검사)를 받아보는 것도 좋습니다. 검사를 통해 아이의 인지·정서적 특성과 기질 및 성격, 행동방식까지 종합적으로 파악할 수 있어서 아이를 이해하고 양육하는 데 큰 도움이 됩니다. 요즘은 아이의 학업성적 향상 및 원만한 학교생활을 위해 검사를 진행하는 경우도 많습니다. 검사 결과에서 어려움이 발견된다면 상담과 치료를 통해 아이가 건강하게 성장할 수 있도록 도움을 주는 것이 어떨까요?

돌이켜보니 특별했던
우리 아이

우리 아이가 ADHD라는 것을 받아들이기 위해 많은 시간이 필요했다. 수많은 책을 읽으면서 정말 별이에게 집중력 문제가 있는지, 내가 아이를 키우면서 그동안 놓친 것들이 있는지 매일매일 생각했다. 돌이켜보면 별이는 까다롭고 어려운 아이였다.

처음 별이가 까다롭다고 느꼈던 건, 울음을 쉬이 그치지 않을 때였다. 잘 자고 일어나서 울기 시작하면 어르고 달래도 토할 때까지 계속 울었다. 어디가 아픈가 싶어서 병원도 가보고 책도 찾아봤지만 특별한 이유가 없었다. 몸조리를 도와준 친정 식구들의 걱정이 끊이질 않았다.

"애가 배가 고픈 거 아니냐? 기저귀가 불편한 것 같다. 방 온도가 안 맞나 보다."

영문도 모른 채 100일의 기적을 기다리며 기도하는 마음으로 지냈다.

친정에서 돌아와 별이와 나 둘만의 일상이 시작되었다. 별이는 기어다니지 않았다. 배밀이가 끝나고 허리를 가눌 수 있게 된 후로는 가만히 앉아 있기만 했다. 네 발로 기어다니게 하려고 장난감도 사보고 아이 앞에서 기어다녀 보기도 했으나, 별 관심이 없었다. 결국 별이는 앉아만 있다가 주변 물건을 짚고 일어났다. 다른 아이들보다 한두 달 늦게 걸음마를 시작했지만 많이 늦은 건 아니니까, 조심성이 많은 아인가보다 싶었다.

별이를 문화센터에 데리고 가기도 했다. 센터 수업을 받으면서 활동도 하고 친구도 사귀기를 바라는 마음이었다. 즐겁게 참여하면 좋으련만, 별이는 다른 아이들보다 유난히 경계심이 많고 느렸다. 참여는 열심히 하나 활동 전환이 되지 않았다. 다음 활동으로 넘어가기가 어려워 수업 내내 첫 번째 활동을 부여잡고 있었다. 문화센터 수업이 끝나고 동네 엄마들이랑 어울리고 싶었지만, 다른 집에 몇 번 놀러 갔다가 울기만 하는 아이를 보며 낯선 공간은 아직 무리라고 생각했다.

별이가 만 2살이 되던 즈음 둘째가 태어났다. 첫째와 둘째를 동시에 돌보기가 힘들어 별이를 어린이집에 보냈다. 별이는 매일 어린이집 앞에서 들어가지 않겠다고 울면서 버텼다. 처음이라 그렇겠지, 남들보다 늦게 가서 그렇겠지, 생각하며 겨우 등원시키고 집에 돌아오면 어린이집에서 전화가 왔다.

"어머님, 별이가 울음을 그치지 않아요. 밥을 안 먹어요. 낮잠을 거부해요."

자꾸만 걸려 오는 전화가 무서웠다. 별이의 등원 거부는 계절이 바뀌도록 계속되었고 어린이집에 가는 날보다 못 가는 날이 더 많다. 어쩌다 등원을 한 날도 일찍 돌아오는 날이 대부분이었다.

돌도 안된 둘째와 까다로운 별이를 동시에 돌보는 것이 힘에 부쳤다. 그러던 중 남편이 지방으로 파견을 갈 기회가 생겼다.

"파견을 어디로 신청할까?"

"친정 옆으로 가자. 나도 숨 좀 쉬고 살고 싶어."

운 좋게 친정 동네로 발령이 난 남편을 따라 가족 모두가 지방으로 내려갔다. 복잡한 도시보다 지방에서 아이를 키우면 예민한 성격이 동글동글해지지 않을까? 친정에 한 번이라도 도움을 받을 수 있지 않을까? 나도 아이도 조금은 편해지기를 기대하며 시작한 지방 생활이었다.

별이는 이사 다음 달 유치원에 입학했다. 1살 더 먹었으니 어린이집보단 적응이 쉬울 거라 생각한 것은 착각이었다. 등원 버스를 안 타겠다고 버티는 탓에 둘째를 둘러메고 별이를 유모차에 태워 등원을 시켰다. 3월의 바람은 매서웠다. 눈이 펑펑 오는 날에도, 비가 주룩주룩 오는 날에도 유모차를 끌고 아기띠를 매고 유치원에 갔다. 가기 싫다는 별이를 그냥 놔두면 영원히 단체생활을 못 하게 될까 두려워서 더 기를 쓰고 갔던 것 같다.

단설 유치원이라 시설도 좋고 선생님들도 훌륭했지만, 별이는 교실에 적응하는 것을 힘들어했다. 수업 중에도 종종 울음을 터뜨려 진정이 안 될 때도 있었다. 경력이 많은 담임 선생님이 아이가 안정을 찾을 때까지 엄마가 교실에 들어와 있다가 가면 어떻겠냐고 제안했다. 덕분에 나와 둘째는 3월 한 달을 매일 한 시간씩 유치원 교실에 들어가 참관수업을 했다. 그렇게 별이는 유치원에 적응할 수 있었다.

별이가 유치원에 규칙적으로 등원하기 시작하면서 우리 가족의 삶이 훨씬 편해졌다. 아이가 유치원에 있는 동안 둘째와 오붓한 시간도 보내고, 둘째를 어린이집에 적응시킨 후

복직도 할 수 있었다. 3년간의 지방 생활을 마치고 별이의 초등학교 입학 시기에 맞춰 도시로 올라왔다. 아이 입학에 맞추어 휴직을 고민했던 나는 일단 남은 휴직을 아껴두기로 했다. 경제적 부담도 있었고, 남편이 아이들 등하교를 도와주는 것이 가능했기 때문에 굳이 쉬지 않아도 된다고 생각했다. 무엇보다 힘들게 다시 시작한 일을 계속하고 싶었다.

두근두근 떨리는 별이의 입학식. 남편이 보내준 사진엔 운동장에 씩씩하게 서 있는 별이가 있었다.

'정말 의젓하네. 이제 다 컸어.'

사진을 보며 안도했다. 하지만 별이는 학교에 거의 갈 수가 없었다. 코로나 때문에 집에서 원격수업을 해야 했다. 1학년 아이가 부모님의 도움 없이 원격수업을 해내기란 꽤 어려운 일이었다. 아침에 일어나는 것도, 책상 앞에 앉아 있는 것도, 태블릿을 사용하는 것도, 수업에 집중하는 것도 되는 것이 하나도 없었다. 매일 아침 야간 근무를 하고 돌아온 남편이 별이를 전담했다.

수업 영상을 틀어놓고 딴짓하고 노는 별이와 그 모습을 지켜보는 남편이 다투는 일이 많아졌다. 별이를 답답해하는 남편은 자주 화를 냈고, 별이는 꾸지람을 못 들은 체하거나 같이 화를 내며 대들었다. 남편은 그런 별이를 매우 괘씸하게 생각했다. 분명 별이가 잘못한 게 맞는데도, 자꾸만 화를 내는 남편이 야속했다.

"아빠가 무슨 상관이에요? 이럴 거면 저를 왜 키워요?"

아빠에게 울면서 모진 말을 쏟아내는 별이를 보며 심장이 철렁했다. 온라인 수업이 이렇게까지 힘들었나? 내가 그냥 쉬어야 했나? 학교를 못 가는 동안 별이와 남편의 사이는 점점 멀어졌고, 두 남자의 갈등으로 집안 분위기가 매우 무거웠다.

출근하는 나도 마음이 편치 않았다. 주변 선생님들에게 매일 조언을 구했다.

"코로나 때문에 애들이 학교에 못 가서 그래. 다른 집 애들도 다 힘들어."

나를 위로하려고 해준 말이었을까? 지금은 다들 힘들다고, 곧 나아질 거라고 했다.

학교만 가면 해결될 줄 알았던 별이의 문제들은 학교에 가기 시작하면서 눈덩이처럼 커졌다. 내가 너무 안일하게 생각했던 것은 아닐까? 아이가 보내는 어려움의 신호들을 놓친 것은 아닌지 곱씹었다. 우리 아이의 문제를 좀 더 빨리 알아차렸더라면 얼마나 좋았을까? ADHD가 의심된다는 검사 결과를 받고 나서야 비로소 아이를 제대로 들여다볼 수 있었다.

 **레프샘의 팁**

별이처럼 태어날 때부터 감각적으로 불균형하거나 예민한 성격을 가진 아이들은 키우기 매우 까다로워요. 상황이 조금만 변해도 빠르게 알아차리고, 불편함을 느껴 울음을 터뜨리지요. 저는 아이가 고집이 세고 예민해서 키우기 힘들다고 생각했어요. 그래서 아이가 학교에서 겪는 어려움도 집중력의 문제라고는 전혀 생각해 보지 못했던 것 같아요.

요즘은 상담센터에 가보면 어린아이들이 정말 많아요. 치료를 시작하기 전엔 왠지 상담센터에 가는 것이 꺼려졌는데, 뒤늦게 주변에 많은 아이가 전문가의 도움을 받고 있다는 것을 알게 됐어요. **집에서 아이와의 갈등이 심하다면, 어린이집이나 유치원에서 아이가 힘들어하고 적응하지 못한다면, 아동발달센터에서 상담을 받아보는 것도 추천합니다.** 아이의 마음을 다독여주고, 감각이나 언어 발달을 도와주는 다양한 치료 방법이 있답니다.

치료 시작,
할 일이 태산

    ADHD 의심군, 참 애매모호한 말이다. 검사를 하면 딱 ADHD라고 진단이 나오는 줄 알았는데 의심이 된다니. 의사 선생님은 일단 놀이치료를 해보자고 했다. 정서적으로 힘들면 주의력 문제가 생기기도 하니 6개월 정도 놀이치료를 해보고 호전되지 않으면 약물치료를 하자는 말에 머리가 멍해졌다. 우리 아이가 ADHD라고 믿고 싶지 않았지만 손 놓고 있을 수 없었다.

    놀이치료를 받을 센터를 찾으려고 온 동네를 돌아다녔다. 환경에 영향을 많이 받는 아이라 최대한 조용하고 안정적인 곳을 찾고 싶었다. 집에서 멀지 않은 곳에서 부드러운 음악이 흐르며 편안한 소파가 있고, 빼곡한 책장이 좋은 느낌을 주는 센터를 발견했다. 유독 이 공간에 오면 차분해지는 아이를 보면서 안도했다.

　아이의 놀이치료 과정은 생각보다 더뎠다. 다른 아이들은 놀이치료를 하며 자연스레 말을 시작한다는데, 별이는 혼자 피규어를 가지고 싸움 놀이만 했다. 치료사님은 아이가 어렸을 때부터 성공 경험보단 실패 경험이 많아서 자존감이 떨어진 상태 같다고 했다. 시도해도 자꾸만 실패하니 자신에 대한 부정적인 이미지가 쌓여서 새로운 도전을 회피하려고 하고, 부정적인 피드백을 많이 들어서 그런지 매사에 불만이 많다고 했다. 더불어 아이가 주의집중력 문제도 있지만 감각의 불균형이 있는 것 같다면서 감각통합수업을 받아볼 것을 권유했다. 처음 들어보는 말이었다. 놀이치료만 하면 되는 줄 알았는데 이 세계에는 엄청나게 다양한 치료법과 프로그램이 있었다.

　그럼 지금까지 우리 별이의 이해하기 힘든 행동들이 감각의 불균형 때문이었나? 하는 생각이 들었다. 대근육, 소근육 발달이 늦은 것도 조심성이 많고 움직이는 것을 좋아하지 않는 아이라 그런 줄 알았다. 그네 타고 공놀이하는 것을 싫어하는 것도 운동 신경이 없어서인 줄 알았다. 별거 아니라고 넘어갔던 부분들이 문제였다고 생각하니 후회가 밀려왔다.

보통 감각통합수업은 유아기 아이들이 많이 한다는데 나는 그때 뭐했지? 싶었다. 둘째를 낳고 별이에게 제대로 신경을 써주지 못한 것 같아서 미안했다.

비록 조금 늦게 시작했지만 다행인 점은 치료 효과가 없는 것은 아니라는 말이었다. 지금이라도 부족한 부분은 채워주고 불균형한 감각 체계를 균형 있게 맞춰 주면 아이의 일상이 훨씬 편해질 거란 말에 감각통합치료도 시작했다. 집에서는 단추 채우기, 끈 묶기, 연필 잡기 같은 소근육 발달에 필요한 연습을 거부하고 화부터 내는 아이였는데 치료사님과의 수업 시간에는 즐겁게 참여했다.

주 1회 놀이치료와 감각통합치료. 2번이면 할만하다고 생각했지만. 막상 해보니 큰 부담이었다.

첫째, 생각보다 비싼 비용. 놀이치료 가격만 해도 한 달에 30만 원을 넘어갔다. 거기에 감각통합치료까지 더해지니, 아이 앞으로 매달 들어가는 돈이 엄청나게 많아졌다.

둘째, 시간적인 문제. 치료를 위해서는 매번 부모 동행이 필요했다. 아이를 수업에 데려다주고 40분의 수업이 끝나면 부모 상담이 20분 내외로 진행되는 방식이었다. 아이도 나도 피곤한 저녁 시간, 둘째까지 데리고 센터에 매주 다니는 일이 쉽지 않았다.

셋째, 치료할 것은 늘어만 간다는 것.

"별이가 말할 때 혀가 한쪽으로 튀어나와요. 발음교정도 필요할 것 같아요."

2년간 계속 마스크를 쓰고 생활해서 그런지 전혀 티가 안 났다. 집에서도 말이 좀 빨라졌다고만 느꼈을 뿐 아이의 발음이 부정확하다고 느끼지는 못했다. 그런데 치료사님의 말을 듣고 아이가 말할 때 입을 유심히 보니 'ㅈ'과 'ㅅ'을 발음할 때마다 혀끝이 옆으로 조금씩 튀어나오는 것이 아닌가. 이렇게 되면 소리가 옆으로 새서 발음이 정확하게 들리지 않고 침도 튀길 수 있다고 했다.

어릴 때부터 말을 잘하던 아이였기에 충격이 더 컸다. 코로나 이후 언어치료를 받는 아이들이 급증했다는 것이 남의 이야기가 아니었다. 너무 많은 것이 문제다, 부족하다는 말을 들으니 우울했다. 지금까지 아이를 잘못 키웠다는 생각에 미안하고 부끄러웠다. ADHD 진단을 받지 않았으면 이런 것들은 평생 모르고 살았을 텐데 하는 야속한 마음도 들었다.

방학이 오면 좀 나아지겠거니 하고 버티던 우리에게 휴식의 기회가 생겼다. 놀이치료사님의 가족 간병 문제로 잠시 수업을 쉬게 된 것. 예정보다 치료사님의 공백이 길어지면서 놀이치료를 겨우내 중단했다. 그러면서 감각통합치료도 그만두었다. 비용적 부담도 컸고 이런 치료가 다 무슨 소용이 있냐는 남편의 회의적인 반응도 한몫했다.

모든 치료를 쉬는 두 달간의 겨울방학은 꿈만 같이 행복했다. 새로운 것을 배우기 싫다며 학원 다니는 것을 꺼리던 아이가 태권도, 피아노, 수영을 배우며 뿌듯해하는 모습을 보니, 우리의 6개월간 노력이 이제야 빛을 보는구나 싶었다. 시간과 정성을 쏟아 넣었더니 별이는 조금 달라져 있었다. 이제는 치료 없이도 원만하게 생활할 수 있겠다는 장밋빛 희망을 품고 3월을 기다렸다.

 레프샘의 팁

아이의 치료를 진행할 수 있는 곳은 정말 다양합니다. **크게 세 가지로 분류하자면 병원에서 운영하는 발달센터와 사설로 운영되는 상담 및 발달센터, 지역 주민들을 위한 복지관이나 청소년상담복지센터 등이 있습니다.** 세 군데 모두 놀이치료, 언어치료, 감각통합치료, 미술치료, 인지치료, 사회성치료 등 다양한 프로그램이 운영된다는 것은 비슷해요.

다른 점이라면 병원에서 운영하는 발달센터는 실손보험 청구가 가능하다는 거예요. 물론 아이의 연령이나 발달상태, 가입된 보험에 따라 실손보험 처리가 안 되는 경우도 있습니다.

사설상담센터들은 보통 바우처 사용이 가능합니다. 바우처를 사용하면 치료비 일부만 부담하면 됩니다. **동네 행정복지센터에 문의하면 바우처를 소득이나 장애 요건에 따라 발급받을 수 있어요.** 신청 시기 및 요건이 사업마다 다르니 관심 있게 봐두면 도움이 될 거예요.

마지막으로 복지관이나 청소년상담복지센터는 치료 가격이 다른 곳에 비해 저렴해요. 대신 대기가 길고 회기(수업 횟수)가 한정적일 수 있습니다.

우리 반에
ADHD 아이가 둘이나?

 이젠 ADHD와도 안녕이다. 새로운 마음으로 자신만만하게 시작한 3월은 잔인했다. 새롭게 담임을 맡은 반에 ADHD 아이가 둘이나 있었다! 이게 무슨 운명의 장난인가.

 ADHD 아이와의 만남은 매우 인상적이었다. 학기 첫날부터 유난히 부산한 아이. 손발을 떨면서 잠시도 눈을 가만히 두지 못하는 산이가 눈에 띄었다. 신발주머니가 사라졌다고 복도에서 소란을 피우던 산이는 교실에 들어와서는 자리에 앉지도 않고 필통이 없어졌다면서 가방을 뒤적거렸다. 아침 내내 어수선한 이 친구, 설마 ADHD? 마음속에 불안이 확 올라왔다.
 아이들과 함께 3월의 첫 주를 보내면서 나의 불안은 확신으로 변했다. 산이는 쉬는 시간을 알리는 종소리를 놓쳐서 종종 교실에 늦게 들어왔다. 수업이 시작되어도 교과서가 없어 사물함과 서랍을 뒤지며 책을 찾느라 제때 수업을 시작하기 힘들었다.

"산이야, 책상 서랍은 아침에 오면 정리해야지."

나의 말은 매번 아이의 귀에 닿지 않았다. 아침에 책상 정리도 같이 하고 수업 시간에 옆에서 도와줘도 여전히 교과서를 찾기 힘들어했다.

"선생님, 그냥 놔두세요. 산이는 원래 그래요."

작년에도 친구들 사이에서 유명했다는 산이를 모르는 아이들이 없었다.

학교생활 첫 주에 부모님이 적어 주는 아이에 대한 간략한 정보와 건강상태를 조사하는 설문지를 찬찬히 살펴봤다. 산이는 예상했던 대로 ADHD 약을 저학년 때부터 장기간 복용하고 있었다.

그리고 또 한 명, 첫날부터 쉬는 시간에도 그림같이 앉아 있었던 강이. 그 친구도 ADHD 약을 장기간 먹고 있다고 적혀 있었다. 전혀 예상하지 못했던 아이라 혹시 잘못 본 것은 아닌지 다시 살펴봤다. 분명 강이였다. 침착하고 조용해 보이는 강이는 어떤 어려움이 있어서 약을 먹는 걸까? 부산한 모습으로 눈에 띈 산이와 달리 얌전한 강이가 ADHD 약을 먹는다는 사실은 잘 이해가 되지 않았다.

그렇게 너무나 다른 ADHD 아이 둘과의 학교생활이 시작되었다.

부산한 산이 이야기

약을 먹고 있었지만, 산이의 행동은 누가 봐도 산만하고 눈에 띄었다. 어떻게 약을 먹는데 학교에서 이렇게 행동하지? 약을 정말 먹고 있는 것은 맞나? 싶을 정도의 산만함이었다. 그동안 약을 먹으면 집중력이 눈에 띄게 좋아지리라 생각했던 나의 믿음에 금이 가기 시작했다.

진단평가를 보는 날, 산이는 백지를 냈다. 초등학교에서 백지라니. 산이가 혹시 난독증이 있나? 자기 이름도 제대로 써서 내지 못한 산이를 보고 깜짝 놀랐다. 작년 담임선생님에게 물어보니 산이는 글을 읽을 수 있다고 했다. 다만 혼자서 1번부터 20번까지의 많은 문제를 집중해서 읽기가 어려워 지필평가 때마다 매번 산이를 옆에 앉히고 시험지를 읽어주셨다고 했다.

산이는 교과서와 준비물이 없는 날이 많았고, 책 페이지를 혼자서 펴지 못했다. 수업 시간에도 나의 말이 전혀 귀에 들리지 않는 듯 혼자만의 세계에 빠져있었다. 가까이 다가가서 산이에게 손을 가볍게 얹고 이야기할 때만 내 말이 잠시 전해지는 것도 같았다.

산이는 학습 결손이 심했고 모든 수업 활동이 제대로 이루어지지 않았다. 똘똘한 짝을 붙여서 산이를 도와주게 해봐도, 자꾸만 자기 말을 무시하고 딴짓하니 짝꿍도 견디기 힘들어했다. 산이와 함께하는 짝 활동이나 모둠 활동은 제대로 진행되지 않았다.

쉬는 시간에 산이는 항상 밖으로 뛰쳐나갔다. 복도와 교실을 뛰어다니고 친구들과 부딪치며 노는 산이는 고삐 풀린 망아지처럼 보였다. 특히 점심시간에는 엄청난 에너지를 자랑하며 돌아다녔다. 토할 것 같다며 제대로 점심을 먹지도 않는 아이가 어디서 그런 힘이 나오는지 궁금했다. 행동이 크고 조심성이 부족한 산이는 종종 문제를 일으켰다.

"선생님, 산이가 다른 반 수업하는 운동장에 들어갔어요."

"선생님, 산이가 친구랑 싸웠어요."

하교 후에도 산이의 문제행동은 계속됐다. 수업을 마치고 학교 상담실에 상담을 가는 날마다 산이는 운동장으로 도망쳤다. 매번 산이를 찾으러 다니는 상담선생님을 보기 죄송해서 상담가는 날은 수업이 끝나면 내가 산이를 데리고 갔다. 어떤 날은 아이가 그냥 사라져 버려 수업을 못 받은 날도 있었다. 산이 어머니도 종종 아이를 찾으러 학교에 왔다.

"선생님, 산이랑 하교 후에 진료받으러 가기로 했는데 아이가 안 보여요."

"선생님, 산이가 밤까지 집에 들어오지를 않아요."

산이는 엄마와의 약속도 자주 잊고 밖으로 놀러 다녔다. 산이를 찾으러 온 동네를 찾아다니는 날이 반복되었다.

산이는 제대로 된 치료를 받는 것일까? ADHD 약은 제대로 먹고 있는 것인지, 약만 먹고 손을 놓고 있는 건 아닌지 걱정되었다.

조용한 강이 이야기

교실에 있는 듯 없는 듯 조용한 아이 강이. 수업 시간에도 쉬는 시간에도 언제나 조용했다. 첫날 자기소개를 하는데 말하는 속도가 살짝 느렸던 것 말고는 눈에 띄는 점이 없었다. 수업 시간 활동을 제외하고는 반 친구들과 개인적인 대화를 나누거나 하는 교류가 없다는 점이 조금 우려되는 정도였다. 강이는 점심시간에도 혼자서 종이접기를 하거나, 블록을 쌓으며 놀았다.

강이의 전 담임선생님에게 강이에 대해 물어봤다.

"선생님, 강이가 작년에는 어떤 아이였어요?"

"아~ 강이요! 착해요. 조금 느리긴 하지만 작년에도 아이들이 많이 도와줬어요. 그리고 어머니가 강이를 정말 잘 챙겨주세요. 화상수업할 때도 옆에서 하나하나 챙겨주시더라고요."

작년 학교생활도 무난했다는 담임선생님의 말을 듣자 궁금증이 더 커졌다. 강이의 저학년 시절에 대해 알게 된 것은 기초학력 프로그램 담당 선생님 덕분이었다.

"강이는 올해 난독증 지원 프로그램 신청 안 하나요?"

"난독증이요? 강이 글 잘 읽는데."

"아, 그래요? 강이가 교육청에서 지원하는 난독증 지원수업을 들었어서, 혹시 올해 신청을 놓쳤나 해서 여쭤봤어요."

강이가 난독증이었다니! 소리를 내서 책도 잘 읽을 수 있고 수업 진행에 전혀 무리가 없었기에 더욱 놀라웠다.

다만 강이는 느린 학습자였다. 말도 느리지만 생각이나 표현하는 속도가 다소 느렸다. 수업 활동하는 시간이 다른 친구보다 2~3배는 더 걸렸다. 또한 학업성적도 중간에서 아래에 걸쳐 있었다. 시험을 볼 때면 시간이 부족해서 문제지의 뒷부분을 풀지 못해서 점수가 좋지 않았다.

난독증 지원수업 신청과 기초학력 프로그램 관련해서 강이 어머니에게 전화를 했다. 강이에게 어떤 어려움이 있는지, 학교에서 어떤 부분을 챙겨주어야 할지 물었다. 강이는 1학년 때 ADHD 판정을 받아 약물치료와 상담치료를 진행해 오고 있으며 난독 증상이 있어서 수업을 받았으나 이제는 글을 읽고 쓰는 데 지장이 없다고 했다. 다만 학년이 올라갈수록 수학을 어려워해서 방과 후 기초학력 프로그램 참여를 희망한다고 했다.

"어머니, 강이가 학교에서는 아주 조용해요. 활동 속도가 느리지만 수업엔 성실하게 참여하고요. 집에서는 어떤가요?"

"강이는 집에서는 감정이 자주 복받쳐 올라요. 학교에서 공부도 하고, 상담치료도 받으러 다니느라 힘든가 봐요. 종종 눈물을 보이기도 해요."

학교에서는 평온해 보였던 강이였지만 사실은 정말 많이 긴장하고, 애를 쓰고 있었다고 생각하니 마음이 아렸다.

 **레프샘의 팁**

같은 ADHD를 겪고 있는 산이와 강이의 학교생활 모습이 정말 다르죠? ADHD라는 이름을 자세히 살펴보면 조금 더 이해하기 쉬워요.

Attention 주의력

Deficit 결핍

Hyperactivity 과잉행동

Disorder 장애

산이처럼 과잉행동을 보이거나 충동적인 성향을 드러내는 아이가 있고, 강이처럼 조용하고 얌전해 보이지만 주의력이 부족해 산만하고 집중이 어려운 아이도 있습니다. 물론 과잉행동 충동성과 주의력결핍 문제가 같이 있는 경우도 많답니다.

별이처럼 집에서는 굉장히 산만하고 충동적으로 행동하지만, 학교에서는 조용해 보이는 아이도 있습니다. 불안감이 높은 아이들은 밖에서는 조용해 보일 수도 있다고 해요. 반대로 집에서는 별문제 없다가 학교에만 오면 과잉행동 충동성이 두드러지는 아이도 있습니다.

그래서 ADHD 진단에는 아이를 주로 양육하는 부모님의 관찰도 중

요하지만, 학교에서 아이와 많은 시간을 함께하는 선생님의 의견도 중요하답니다. 혹시라도 ADHD가 걱정되는 경우, 검사를 받으러 가기 전 담임선생님에게 아이의 학교생활에 대한 피드백을 꼭 받기를 추천해요.

ADHD 아이들과
함께한 1년

ADHD 아이 두 명과 함께하는 학교생활은 각오했던 것보다 더 어려웠다. 매시간 예측불허한 행동을 하면서 사고를 치는 산이에게 잠시도 눈을 뗄 수 없었다. 등교하는 순간부터 내 눈은 종일 산이를 좇고 있었다. 혹시라도 아이가 다칠까, 문제에 휩쓸리지는 않을까 염려되었다. 특히 산이는 사고가 일어나도 그것이 어떻게 된 일인지 모르는 경우가 허다했다.

"선생님, 산이가 발가락이 골절되었어요. 점심시간에 축구하다가 그랬다고 하더라고요."

"네? 산이가 이야기하지 않아서 전혀 몰랐어요. 오후에 체육 시간에도 신나게 뛰어다니고 방과 후에도 축구하던걸요?"

"아, 그랬군요. 산이가 집에서는 친구가 축구하다 자기 발을 밟아서 그랬다고 해서요."

산이 어머님과의 전화를 마치자, 마침 발에 깁스한 산이가 등교했다. 분명 어제 방과 후에도 축구를 하면서 놀고 있었는데 정말 당황스러웠다.

"산이야, 발 많이 아프니? 어제 점심시간에 무슨 일이 있었던 거야?"

"몰라요. 축구하다가 누가 제 발을 밟은 것도 같아요. 집에 가니까 아프더라고요."

"누구랑 같이 축구했어?"

"아, 그게 우리 반 남자애들이랑 한 것 같은데."

산이는 자기가 누구랑 축구를 했는지, 언제 누가 자기 발을 밟았는지도 잘 기억하지 못했다. 매번 산이에게 사건이 생길 때마다 반 아이들에게 묻고 또 물어야 했다.

조용한 강이는 수업 시간에 멍하니 가만히 있는 날이 많았다. 강이가 가장 어려워하는 것은 생각 정리와 표현이었다. 글을 읽고 느낀 점을 쓰라고 하면 어떤 것을 적을지 고민만 하다가 적지 못하는 날이 많았다. 미술 시간에도 어떤 작품을 그리거나 만들지 고심하다가 시작을 제때 못하는 경우가 있었다. 매시간 완성하지 못한 수업 활동들이 쌓여가는 강이의 모습이 참 힘들어 보였다.

　말과 행동이 느린 것처럼 생각하는 것도 시간이 오래 걸리는 것일까 싶어 활동 시간을 더 많이 주거나 학습량 자체를 줄여주기도 해봤지만 여전히 강이는 고민에 빠져있는 날이 많았다. 글쓰기가 한창인 어느 국어 시간, 한 글자도 시작하지 못한 강이에게 말을 걸었다.

　"선생님이 도와줄까? 어떤 내용을 써보고 싶어?"

　"아, 지금 생각 중이에요. 아직 못 정했어요."

　강이는 갑자기 눈물을 글썽이며 사색이 됐다. 나의 도움이 부담스럽게 느껴지는 것 같았다. 교실에서 강이는 항상 표정이 딱딱하게 굳어 있었다. 모르는 사람이 보면 화가 났나 싶을 정도로 경직된 느낌이 들었다. 교실이 불편하고 긴장되는 공간처럼 보였다. 쉬는 시간, 강이는 대부분 혼자서 시간을 보냈다. 아이들이 강이를 싫어하는 것은 아니었지만 강이의 놀이에 흥미를 느끼고 참여해 주는 친구들이 없었다.

　학교에서 산이와 강이를 볼 때마다 자꾸 우리 별이가 떠올랐다. 우리 아이도 학교에서 이렇게 답답하고 힘들겠지? 친구들과 어울리지도 못하고 온종일 교실에 혼자 앉아만 있다가 오는 건 아닐까? 내가 모르는 아이의 학교생활이 걱정되고 불안한 마음이 올라올수록 우리 반 학부모님들과 자주 소통했다. ADHD 아이를 키우는 것이 얼마나 불안하고 지치는 일인지 알기에 더욱 그들의 아픔에 공감하고, 아이가 잘 적응할 수 있도록 함께 노력했다.

어느 날 점심시간, 반 아이들이 산이에 대해 수군거렸다.
"야, 쟤 약 먹는 애래. 금쪽이."
아이들끼리 이야기하는 소리를 듣고 화들짝 놀랐다.
"뒤에서 친구 이야기를 하면 안 되지. 그런 말을 들으면 친구가 얼마나 속상하겠어."
"산이가 말해준 거예요. 자기 ADHD 약 먹는다고요."
산이는 같이 축구하는 친구들에게 자기가 ADHD라서 약을 먹는다고 말했다고 한다. 그 사실을 알면 친구들이 어떤 반응을 보일지 크게 고민하지 않고 충동적으로 이야기한 것 같았다.
"얘들아, 산이가 말해준 거라고 해도 그걸 다른 친구들에게 이야기하고 소문내는 것은 친구에 대한 예의가 아닌 것 같아. 산이가 어려움이 있으면 같은 반 친구인 너희들이 도와줘야지."

처음에는 아이들이 산이에게 호의적이었다. 그런데 한 친구가 산이의 증상을 악용하기 시작했다. 수업 시간에 몰래 장난을 걸어 산이를 화나게 만들기도 하고, 같이 어울리는 척하면서 골탕을 먹이기도 했다. 다른 아이들과는 달리 적절한 대처가 어려운 산이는 종종 그 친구의 장난에 걸려들었다. 나중엔 산만한 산이보다도 산이를 자극하는 아이를 지도하는 것이 더 어려웠다.

역시 ADHD 약을 복용한다는 사실을 아이들에게 말해서 좋을 것은 없구나 싶었다. 산이가 말하지 않았다면 친구들은 그냥 수업 시간에 집중을 못하는 말썽꾸러기 정도로 생각했을 텐데. 반 친구들도 산이 자신도 '나는 원래 그래. 어쩔 수 없어.'라고 단정 짓고 포기하는 것 같았다.

그 이후로 담임을 맡은 반에 장애나 심리적 어려움을 겪는 친구가 있어도 절대로 아이들에게 공식적인 진단명이나 병명을 말하지 않았다. 대신 친구가 겪는 어려움이 무엇인지, 우리가 무엇을 도와주어야 하는지 함께 이야기하는 시간을 자주 가졌다.

"사람마다 관심사도 다르고 잘할 수 있는 것, 어려운 것이 모두 다 달라요. 우리가 모두 달리기를 잘하고 어려운 수학 문제를 잘 푸는 것은 아니잖아요."

"친구가 1년 동안 성장할 수 있도록 여러분이 함께 힘을 보태주세요. 우리 반 친구들 모두 함께 성장하는 한 해가 되었으면 좋겠네요."

ADHD 진단명을 아이에게 굳이 말하지 않는 것을 추천해요. TV에서 '금쪽이'와 함께 자주 언급된 ADHD라는 말이 아이들에게는 꽤 자극적이고 흥미롭게 느껴지는 것 같아요. ADHD라는 말을 들으면 거부감을 느끼거나 반대로 지나치게 호기심을 가지고 그 단어에 집착할 수도 있어요. 실제로 제가 읽는 책 제목에 적힌 ADHD라는 단어를 보고 둘째가 계속 물어보더군요.

"엄마 ADHD가 무슨 뜻이야? 금쪽이 말하는 건가? 내가 금쪽이야? 오빠지?"

진단명을 듣는 순간 스스로 문제아라고 생각해 버릴 수 있어요. 노력

해도 나아질 수 없다고 체념하는 것은 아이의 성장에 악영향을 줍니다. 또한 주변 친구들이 진단명을 알게 되면 낙인효과처럼 아이에게 낮은 기대를 하거나 부정적인 시선이 쏟아질 수 있어요.

그래서 저는 처음 놀이치료실에 갈 때 별이에게 이렇게 말해주었습니다.
"집에서 동생이랑 같이 지내랴, 학교 다니면서 공부하느라 힘들지? 자꾸만 화가 나고 답답한 별이의 마음을 도와줄 선생님을 만나러 가는 거야. 선생님은 별이의 속상한 마음, 힘든 일들을 잘 들어주고 해결하는 것을 도와줄 거야. 마음이 편해지면 집중하기도 쉬워질 수 있대."

별이의 담임선생님에게도 학기 초에 상담하며 부탁했습니다.
"선생님, 별이가 또래 관계 및 집중력 문제로 6개월째 놀이치료를 받고 있습니다. 학교에서는 어떤지 살펴봐 주세요. 그리고 혹시 학교생활에 어려움이 있으면 언제든 말씀해 주세요. 집에서 제가 할 수 있는 것들을 열심히 챙기겠습니다. 대신 다른 아이들에게는 아이의 상태에 대해서 비밀로 해주셨으면 해요. 꼭 좀 부탁드려요."
아이의 ADHD에 대해서는 양육에 있어서 아이의 상태를 반드시 알아야 하는 사람들에게만 제한적으로 말하는 것을 추천해요. 나의 아이를 편견 없이 봐줄, 믿을 만한 내 편에게만 말하는 것이 좋습니다.

교실은 외딴 섬

ADHD 아이 둘을 데리고 1년을 생활하면서 가장 아쉬웠던 것은 학교에 도움을 요청할 곳이 없다는 것이었다. 점심시간마다 나가서 뛰어놀지 않으면 하루를 견디기 힘든 산이는 밥도 거의 먹지 않은 채로 매일 운동장과 화단을 뛰어다녔다. 산이에게는 에너지를 발산하고 몸을 움직이는 일이 꼭 필요했다. 다만 충동적이고 부주의한 행동들로 여러 가지 일이 발생하는 게 문제였다.

"선생님, 산이가 나뭇가지를 휘둘렀어요."

"선생님, 산이가 돌을 던져서 천장에 타일이 깨졌어요."

처음에는 급한 마음에 교실을 박차고 나와서 운동장으로 뛰어 내려갔다. 대부분은 산이의 부주의로 일어난 사건이었다. 화단에 떨어져 있는 나뭇가지를 주워 들어 장난으로 몇 번 휘둘렀을 뿐이다. 산이 혼자 있었으면 별일이 아닐 수도 있지만 주변에 다른 친구들도 함께 있는 공간이기 때문에 위험했다. 산이가 돌을 던진 것도 옆 친구가 던지니 따라 한 것뿐이다. 다만 그 친구는 바닥에 던져서 문제가 없었고, 산이가 던진 돌은 운이 없게도 천장 타일에 맞았던 것이다.

가까이 가서 들여다보면 별일 아니었지만 아이들에게는 커다란 사건이고 이야깃거리였다. 작은 일만 일어나도 우르르 모여 웅성거리는 아이들을 진정시키기 위해서라도 직접 가서 일을 해결해야 했다. 산이를 잘 다독여서 교실로 돌아오면 2차 사태가 나를 기다리고 있었다. 교실에 남아있던 아이들은 내가 없는 틈에 빈 교실에서 신나게 놀았다. 기분 좋게 놀고 끝내면 좋으련만, 장난의 끝은 언제나 싸움이다. 서로 씩씩거리며 화를 참지 못하는 아이들.

"선생님, ○○이 때문이에요."

"선생님, ○○이가 그랬어요."

내가 보지도 못한 상황에서 벌어진 일을 해결해야 하는 때가 많았다. 우리 반의 오후 시간은 사건 해결의 시간으로 굳어졌다. 분명히 담임으로서의 최선을 다했던 일들이었지만 매번 남는 것은 어수선한 교실과 안전에 대한 책임뿐이었다.

누가 나를 좀 도와줬으면, 급할 때 도움을 요청할 수 있다면 좋겠다고 매일 생각했다.

하지만 옆 반 선생님도 옆 옆 반 선생님도 다들 교실에서 자기 반 아이들을 책임져야 했기에 도움을 요청할 수 없었다. 다들 각자의 반에서 외로운 싸움을 하는 학교. 같은 학년 선생님들에게 마음으로 의지할 수 있고 위로받을 수 있었지만 내가 진짜 도움이 필요할 때는 언제나 혼자였다.

어린이날 기념 체육대회날은 모처럼 마음이 든든했다. 코로나 이후 처음 열리는 행사라 프로그램을 운영하는 업체도 오고, 학부모님도 관람하러 왔다. 학년 전체가 참여하는 행사라서 운동장에는 선생님도 여럿이 있었다. 혹시라도 우리 반 아이들에게 문제가 생겼을 때 도움을 받을 수 있겠다 싶었다.

산이가 줄을 이탈해서 운동장으로 달려 나가도, 관람하는 아이들이 스탠드에 올라가서 위험한 행동을 해도 바로 지도할 수 있었다. 경기를 진행해 주시는 사람이 따로 있었기 때문이다. 다른 반 친구들과 함께하는 체육대회가 편하지 않은 강이도 옆에서 살뜰히 챙겨줄 수 있어서 좋았다.

아이들 모두 즐겁게 참여할 수 있는 신발 과녁 던지기 시간. 신발 한 짝을 벗어 운동장 가운데 과녁에 던져서 넣는 게임으로 간단하지만 재밌는 활동이었다. 아이들 모두 신나게 게임에 참여하는데 산이가 던진 신발이 엉뚱한 방향으로 날아가 버렸다.

"아, 짜증 나!"

평소 운동을 좋아하고 승부욕이 넘치는 산이는 마음대로 되지 않는 상황을 많이 아쉬워했다. 속상한 마음을 어쩔 줄 몰라 하더니 과녁판에 던졌던 신발을 주워 바닥에 세게 내팽개쳤다.

"퍽!"

운동장 바닥에서 튕겨 올라온 신발은 내 얼굴을 강타했다. 공도 아닌 신발의 탄력이 그리 좋다는 것을 그때 처음 알았다.

우리 학년 선생님과 학생들, 학부모님들이 모두 보는 앞에서 얼굴에 신발을 맞았다. 산이는 당황하는 눈치였다. 선생님 얼굴에 신발을 던질 생각은 분명 아니었다. 화를 참지 못해서 바닥에 던진 건데 하필 내 얼굴에 튀어 오른 것이다.

"선생님 괜찮아요? 보건실 안 가도 되겠어요?"

선생님들이 놀라서 다가왔다. 이런 상황은 처음이었다. 학교에서 내 몸을 걱정해주는 사람들이 옆에 있다는 사실이 눈물 나게 고마웠다. 덕분에 마음을 빨리 추스를 수 있었고 당황해하는 산이도 감정을 섞지 않고 지도할 수 있었다.

"산이야, 많이 속상했니?"

"네."

"선생님도 산이가 아쉬워하는 것을 보니까 속상하다. 그런데 화가 난다고 신발을 던지는 것은 위험해. 아까 그 신발을 다른 친구들이 맞았다고 생각해 봐."

"죄송해요."

학교에 나쁜 아이는 없다. 나쁜 상황이 있을 뿐이다. 매일의 수업에 체육대회처럼 많은 사람이 함께할 수는 없을 것이다. 하지만 우리 반에 문제가 생겼을 때 누군가 도와줄 수 있다면 많은 문제가 줄어들 것이다. 반에 ADHD 아이가 있어도 담임선생님에게 큰 부담으로 다가오지 않는 환경이 조성되면 좋겠다.

 레프샘의 팁

교실에 ADHD 아이가 있으면 선생님들이 곤란해하는 이유는 우리 아이가 싫어서도 아니고, 도와주기 귀찮아서도 아닙니다. 특정 아이 한 명에게만 온전히 신경을 쏟을 수 없는 환경이라서 그런 거예요. 반에는 ADHD 아이들 말고도 도움이 필요한 친구들이 많기에 언제나 담임선생님의 마음은 분주합니다. 특히 학교 밖으로 체험학습을 가거나 운동장이나 체육관, 급식실 같은 시설을 사용할 때는 언제 어디로 튈지 모르는 ADHD 아이들이 불안하기만 하죠.

반 아이들을 돌보며 부주의한 우리 아이까지 챙기려면 선생님의 에너지가 많이 소모될 거예요. 제가 별이 담임선생님에게 줄 수 있는 가장 큰 도움은 ADHD 치료를 성실하게 받는 것입니다. **더불어 아이 앞에서 선생님에게 신뢰감과 감사의 표현을 자주 했어요. 선생님에 대한 긍정적인 믿음이 부디 아이에게도 전해지길, 학교에서도 선생님을 믿고 잘 따라주길 바라는 마음으로 1년을 보냅니다.**

2장
일상

✳︎
오늘도 별일 없이 지나가길
기도하나요?

눈 뜨기 힘든 아침

별이의 아침은 유난히 힘들다. 눈을 뜨는 것도, 몸을 일으키는 것도, 세수하는 것도, 옷을 입는 것도, 밥을 먹는 것도, 어느 것 하나 그냥 쉽게 되는 것이 없다.

아이가 ADHD를 진단받고 치료를 시작하기 전까지 우리 집 아침은 전쟁터였다. 지난밤 오랜 뒤척임으로 겨우 잠든 아이는 아침에 눈 뜨는 것 또한 매우 버거워했다. 아침 햇살이 따스하게 비춰올 때 기분 좋게 일어나면 좋으련만, 감각이 예민한 별이에게는 햇빛도 매우 불쾌한 자극이었다. 아침마다 심기가 불편한 아이를 깨우는 일은 고통스러웠다.

별이를 갑자기 깨우면 매우 신경질적으로 반응하기 때문에 최대한 기분 좋게 잠을 깨우려고 노력했다. 손발을 살살 마사지해 보기도 하고, 가볍고 상쾌한 노래를 틀어보기도 했다.

밝고 따뜻한 분위기의 아침 환경을 만들어서 아이가 조금이나마 좋은 상태로 일어나길 기대했다. 하지만 눈뜨면 시작되는 별이의 짜증과 우울한 말들이 온 가족의 아침을 흔들었다.

"너무 피곤해요. 일어나고 싶지 않아요. 학교가 사라졌으면 좋겠어요."

온 세상의 걱정과 불안을 모아서 아침을 맞이하는 별이의 말을 듣다 보면 나도 모르게 기운이 빠지고 한숨이 나왔다. 분위기를 바꿔보고자 별이에게 애써 긍정의 말을 건넸다.

"아들, 날씨가 참 좋다. 오늘은 왠지 좋은 일이 일어날 것 같아."

하지만 돌아오는 부정적인 대답.

"날씨가 맑은 날 공부하러 학교 가는 게 얼마나 속상한 일인지 아세요?"

별이가 내뱉는 부정적인 말들에 나의 노력이 물거품처럼 사라지는 것 같았다. 아침부터 오빠 눈치를 보는 동생과 별이가 못마땅한 남편, 우리 집의 아침 공기는 무겁고 불편했다.

별이는 이불 밖으로 몸을 일으키는 데 긴 시간이 걸렸다. 겨우 일어나 이불 밖으로 나와도 할 일이 태산이다. 세수하고 볼일 보고 옷 입고 밥 먹고 양치하고……

"이 많은 것을 언제 다 해요. 시간이 없다고요."

이미 열 번을 하고도 남았을 시간 동안 앉아서 계속 투덜 대는 별이를 보고 있으면 속이 터졌다. 가끔 별이의 짜증과 불평에 휩쓸려 나까지 같이 화를 내는 날에는 아이는 이럴 거면 자기를 왜 낳았냐고 울분을 토했다.

별이에게 감정적으로 반응하지 말자고 다짐했건만, 이런 말을 듣는 날이면 마음이 모래처럼 부서져 내렸다. 그래도 아이를 학교에 안 보낼 수는 없기에 다시 마음을 다잡았다.

아침밥을 먹고 양치하고 책가방을 챙기고 외투를 입고 신발을 신고 현관문을 닫는다. 아직도 숨 막히게 할 일이 많이 남았다. 별이에게 아침은 짧은 시간 안에 수많은 일을 해내야 하는 버겁고 힘든 시간이다. 이렇게 시작한 하루가 기분 좋을 리 없다. 학교에 대한 부정적인 감정은 등교를 준비하면서부터 이미 쌓였는지도 모르겠다.

별이가 치료를 시작하기 전에는 항상 불편한 상태였기 때문에 아이를 지도하는 것 자체가 불가능했다. 매일 아침 아이를 달래기에 급급했었다. ADHD 치료를 진행하면서 별이의 마음이 편안해지고 화가 줄어들기 시작하자 무언가 배울 수 있는 여유가 생겼다. 별이는 여전히 잠에서 깨는 것을 힘들어하지만 전처럼 화를 내고 소리 지르지는 않았다.

"엄마, 눈을 못 뜨겠어요. 학교에 못 간다고 전해주세요."

웃으면서 장난치는 별이가 더는 무섭지 않았다. 잠에서 깨기 힘들어하는 아이를 위해 아침에 가장 먼저 하는 일은 커튼 걷기.

"세로토닌 선물 드립니다~"

밤에 커튼을 꼭 쳐야 잠자리에 드는 아이라 아침에 방이 어두컴컴했다. 어떻게 하면 기분 좋게 커튼을 걷을 수 있을까 고민하다 책에서 봤던 '세로토닌'이라는 신경전달 물질이 떠올랐다. 잠들기 전 별이에게 세로토닌에 대해 쉽게 설명해 줬다.

"아침에 햇빛을 받으면 세로토닌이 생기는데, 이 물질이 사람을 기분 좋게 만들어 주고 힘이 나게 해준대. 엄마가 아침마다 아들한테 세로토닌을 선물해 주고 싶어."

"좋아요~ 일어나기 힘든데 선물을 받으면 힘이 날 수도 있겠네요."

커튼 걷기가 선물일 것을 안 이후부터 별이는, 아침에 쏟아지는 햇살을 기분 좋게 받아들인다. 침대에서 10분 정도 햇살을 받으며 뒹굴뒹굴하다 기분 좋게 일어났다.

일단 일어나면 반은 성공이다. 그다음에 해야 할 일들은 레고 블록 연결하듯 이어 붙였다. 연습은 나와 아이 모두 마음에 여유가 있을 때, 주로 주말이나 방학을 이용했다.

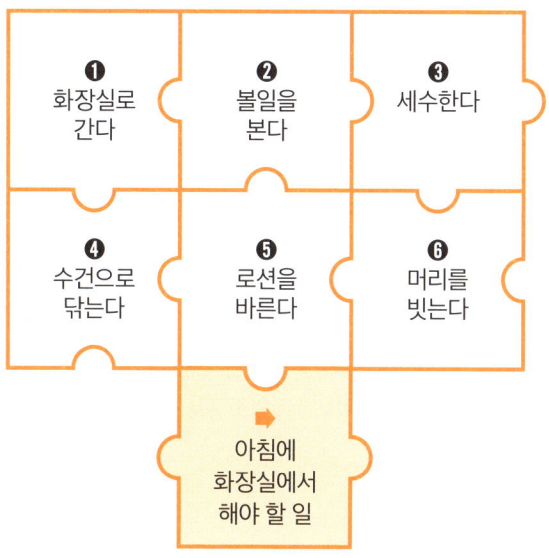

하나씩 일일이 시켜서 해야 할 때는 여섯 가지 일처럼 느껴졌는데 하나의 블록으로 연결하고 나니 아침에 화장실에서 해야 할 일이 한 가지로 줄었다. 물론 이를 위해서 많은 연습

이 필요했지만 불가능한 일은 아니었다. 할 일을 하나씩 해 나가는 별이 덕분에 아침 풍경이 한결 편안해졌다.

 **레프샘의 팁**

아이들과 그림책 『축구선수 윌리』를 읽었습니다. 매일 같은 시간에 같은 일을 반복하는 주인공 '윌리'. 이 친구는 정해진 순서대로 빠짐없이 일을 해야 마음이 편안한 친구였어요.

윌리를 보면서 우리 별이와 비슷하다고 생각했어요. 갑자기 일정이 변경되거나 예정에 없던 일이 생기면 매우 불안해하는 아이. **불안이 높은 아이에게는 되도록 비슷한 아침 환경을 만들어 주는 것이 좋아요.** 루틴이 생기면 아이도 부모도 편안합니다. 웬만하면 아침 루틴이 깨지지 않도록 아이와 저녁에 미리 챙겨야 할 것들을 준비해 둡니다. 준비물과 숙제를 미리 점검하여 아침에는 바로 나갈 수 있게 가방을 싸 두면 아이도 엄마도 편안해져요.

나만의 공간이
필요해

별이가 초등학교에 입학하기 전까지 우리는 좁은 집에서 살았다. 아이들과 주로 거실에서 생활하고 잠잘 때만 안방을 이용했다. 거실은 아이들 장난감과 책으로 가득했다. 깔끔하지는 않았지만, 가족 모두가 거실에서 같이 생활하는 환경이 아이를 돌보기엔 편했다.

둘째를 낳고 아이 둘을 같은 공간에서 키우면서 문제가 생겼다. 가장 큰 문제는 수면. 둘째가 태어난 이후로 별이는 쉽게 잠을 이루지 못했다. 밤에 자꾸만 깨서 우는 동생 때문에 별이도 같이 깨고는 밤새 뒤척이다 아침에 일어나지 못하고 늦잠을 자는 일이 많았다.

두 번째 문제는 장난감. 둘째가 조금씩 커가면서 별이의 장난감에 손대기 시작했다. 오빠가 가지고 노는 것은 모두 재밌어 보이는지 함께 놀기를 원하는 동생과 자기 물건 만지는 것을 싫어하는 별이. 동생이 제 물건에 손을 대는 날이면 울고 소리 지르며 한바탕 폭풍우가 몰아쳤다.

특히 별이는 며칠에 걸쳐 만든 작품을 전시해 두고 감상하는 것을 즐기는 아이였다. 며칠 동안 하나의 그림을 조금씩 완성한다거나, 블록으로 집을 만들고 매일 조금씩 변형시키면서 놀고 싶어 했다. 별이의 장난감은 언제나 거실에 깔려있었다. 만드는 중인 작품이었기에 손도 대지 못하게 했다. 하지만 좁은 거실에서 이런 전시 공간을 마련해주기가 쉽지 않았다. 동생 손에 닿지 않게 숨겨놨던 작품이 망가진 날이면 별이는 불같이 화를 냈다. 별이는 자기 물건이 망가져서 속상하고, 둘째는 오빠가 계속 화를 내서 눈치 보고, 나는 좁은 집에서 숨이 막혔다.

그 당시 근무하던 학교에서 선생님 대상으로 집단상담 프로그램이 열렸다. 미술치료 시간, 내가 생각하는 가족의 모습을 자유롭게 그려보라고 했다. 그림에는 워낙 자신이 없어서 간단하게 여러 송이의 꽃으로 우리 가족을 표현했다. 꽃이 가득한 그림이었다. 그런데 내 그림을 본 치료사님은 의미

심장한 말을 했다.

"선생님 마음에 여유 공간이 없네요. 가득 차 있어요. 아주 답답해 보여요. 혹시 집이 매우 좁거나 어수선하신가요? 이번 기회에 이사를 고려해 보시면 어떨까요?"

그래, 내가 유독 힘들었던 것은 좁고 답답한 공간 때문이었다. 여유 공간 없이 빽빽하게 짐이 가득한 거실에 들어가면 마음이 답답했다. 나도 이렇게 힘들었는데 예민한 우리 아이는 얼마나 답답했을까? 미안한 마음이 들었다. 거실에 쌓여 있던 아이의 장난감과 책을 정리하기로 했다. 하지만 별이는 자기 물건에 절대 손대지 말라고 엄포를 놓았다. 하는 수 없이 아이가 잠든 틈을 타서 몰래 물건을 정리했다.

"엄마, 내 그림 어디 갔어요? 전에 가지고 놀던 공이 안 보여요."

물건을 정리하고 나면 별이는 귀신같이 없어진 것을 알아차렸다. 그 물건을 찾을 때까지 포기하지 않는 탓에 버렸던 쓰레기를 다시 주워 온 일도 종종 있었다. 아이와 협의가 되지 않으면 물건을 정리하는 것은 불가능한 일이었다. 그 이후론 별이 물건 대신 나와 남편의 짐을 정리했다. 필요 없어진 것들은 버리고, 당장 쓰지 않지만 나중에 필요한 물건들은 친정집 창고를 빌려 쌓아뒀다.

거실에 여유 공간이 생기자, 아이 둘이 뛰어놀 만한 공간이 생겼다. 1층인 집에서 신나게 뛰어놀 수 있도록 트램펄린을 샀다. 별이도 동생도 좋아했다. 신나게 뛰다가 누워서 쉬다가 책도 볼 수 있는 공간이었다. 트램펄린 덕분에 침대에서 뛰는 일도 많이 줄어들고 답답한 집에서 아이들의 에너지를 해소할 수 있게 되었다.

지방 생활을 마치고 별이의 초등학교 입학에 맞춰 좀 더 넓은 평수로 이사를 했다. 가정의 평화를 위해 각자의 공간이 필요했다. 우리의 목표는 아이들 각자의 방을 마련해 주는 것! 별이 방은 일부러 창문이 있고 거실에서 먼 방으로 정했다. 방 크기도 둘째보다 조금 더 큰 방이었다.

아이들 짐이 각자의 방으로 들어가니 거실이 넓어졌다. 넓은 공간이 주는 시원함이 좋았다. 이 정도 공간이면 나도 숨 쉬고 살 수 있을 것 같았다. 별이도 자신만의 공간이 있다는 것에 큰 만족감을 느꼈다. 동생이 만질 수 없는, 혼자만 사용하는 공간과 물건이 주는 안정감이 컸다. 자기 방이 생기고 나니 이사 전보다 훨씬 싸움이 줄어들었다.

별이는 자기 책상을 꾸미고 책장에 장난감을 전시하며 즐거워했다. 방에 꽂을 책이나 장난감을 매우 신중하게 골랐다.

"내 방에는 내가 원하는 것만 넣을 거예요."

책장의 반은 좋아하는 생물 관련 책으로 채우고 나머지는 모두 장난감 전시용으로 사용했다. 마음에 안 드는 장난감이나 책은 방문턱을 넘지도 못하게 했다.

별이에게 방이 생겨서 가장 좋았던 것은 감정을 식힐 수 있는 공간이 생겼다는 것이다. 자주 화가 나고 가족과 부딪치는 아이에겐 혼자만의 공간이 필요했다. 자신의 감정을 어쩔 줄 몰라 하는 별이를 데리고 방에 들어가 이야기 나눌 때가 많았다. 단둘이 조용히 소통할 수 있고 다른 가족들에게서 오는 자극을 잠시 차단할 수 있는 방은 참 안전하고 고마운 공간이었다. 가끔 별이는 스스로 방에 들어가 감정을 진정시키고 나왔다. 격해졌던 감정의 온도가 떨어지고 나면 살며시 밖으로 나오는 아이가 대견했다.

둘째도 자기 방 덕분에 비교적 빨리 공간 독립을 했다. 여전히 거실에서 책도 읽고 장난감도 가지고 놀지만 자기 방과 책상을 또 다른 놀이 공간으로 활용했다. 별이가 감정의 소용돌이에 빠져 화내고 소리치는 날이면 둘째는 조용히 자기 방에서 장난감을 가지고 놀았다. 별이가 진정될 때까지 거실에 나오지 않았다. 각자의 방을 준 것은 아이들을 위해서 정말 잘한 선택인 것 같았다. 완전한 독립은 아니지만 개인 공간이 서로의 갈등을 막아주는 쿠션 같은 역할을 했다.

나와 남편에게도 거실과 안방이라는 넓은 공간이 생겼다. 그동안은 아이들 틈바구니에서 제대로 앉아 쉴 곳도 없었는데 공간이 넓어지니 우리도 편해졌다. 책상이 없어서 밥 먹는 식탁에서 노트북 하나 겨우 올려놓고 살았는데 새집에 오니 오롯이 책상으로 쓸 수 있는 공간이 생기고 편안한 의자도 가져다 둘 수 있었다. 내 방은 없지만 그래도 거실 한쪽에 마음에 드는 공간이 있다는 사실이 마음을 푸근하게 만들었다.

 레프샘의 팁

『공간의 미래』에서 말하길 **"인간은 언제나 불안한 세상에서 안정감을 추구하는데, 불안한 세상에서 공간을 소유함으로써 일정 부분 안정감을 확보할 수 있다."** 라고 해요.

예민한 아이들은 자기만의 공간을 매우 중요하게 생각합니다. 다른 사람에게 방해받지 않는 나만의 공간이 아이들에게 안정감을 느낄 수 있게 해줘요. 각자의 공간을 존중하고 안전하게 이용하려면 방을 사용하는 규칙이 꼭 필요합니다. 아이들 방을 따로 마련했다면 가족이 함께 모여 사용 규칙을 만들어 보세요.

1. 다른 사람의 방엔 들어가지 않는다.
2. 용건이 있을 때는 방문 앞에서 허락을 구한다.
3. 허락을 받으면 상대방의 방에 들어갈 수 있다.

처음에는 규칙이 잘 지켜지지 않아서 힘들었지만, 부모님이 먼저 모범을 보이면 아이들이 연습하기가 한결 쉬워집니다. 저도 방에 들어갈 때는 항상 노크하거나 방문 앞에서 용건을 말한 후 허락을 받고 들어갔어요. 서로의 공간을 존중하는 태도가 서로에 대한 배려라는 것을 아이들에게 가르쳐주세요.

날카로운 말 속에
숨은 뜻

별이는 말하는 것을 좋아한다. 어렸을 때부터 대근육과 소근육 발달은 느렸지만, 그림책을 함께 보며 이야기하는 것을 즐겼다. 한참 물고기에 빠져있던 별이는 매일 물고기 그림책을 넘기며 물고기 이름을 외웠다.

등원을 싫어하는 아이였지만 어린이집에 있는 어항은 좋아했다. 등원하면 제일 먼저 어항의 물고기 상태를 살폈다. 아픈 물고기를 금세 알아차리고 걱정하는 별이를 보며 선생님은 4살 아이가 사용하는 단어가 너무 예쁘다며, 마음이 참 따뜻한 아이 같다고 했다.

집에서도 별이는 엄마의 마음을 살펴주는 다정다감한 아들이다. 어른스러운 말투로 깍듯이 이야기하는 것을 보면 가끔 아이가 맞나 싶을 때도 있다.

"엄마, 힘들어 보이는데 누워서 조금 쉬실래요?"

"엄마, 제가 부탁할 것이 있는데 들어주실 수 있으세요?"

오랜만에 만나는 할머니에게도 별이는 반가움을 가득 담아 꼭 안으며 인사한다.

"할머니 너무 보고 싶었어요. 건강은 괜찮으세요? 제가 안마라도 해드릴까요? 할머니 음식이 최고예요."

이런 별이를 보며 가족들은 애어른 같다고 기특해했다.

문제는 이런 예쁜 말은 별이가 기분 좋을 때만 들을 수 있다는 것. 별이는 자주 불편한 감정에 휩싸였고 불만을 입에 달고 사는 아이였다. 명절을 앞두고 지방에 내려가기로 한 날이 다가오자 별이는 계속해서 투덜거렸다.

"엄마, 할머니 댁에는 왜 가야 해요? 너무 멀어요. 가면서 할 것도 없어요. 그냥 안 가면 안 돼요? 할머니보고 올라오시라고 하세요."

"차 타고 가야 하는 게 힘들어서 그래? 엄마도 아들이 멀미하니까 속상해. 그래도 할머니 혼자 명절 준비하시려면 힘드시니까 우리가 가서 도와드려야지."

나의 말이 다 잔소리처럼 들리는 별이는 내가 타이르면 더 짜증을 냈다.

"차가 막히면 연휴가 다 날아가 버리잖아요. 전 쉬고 싶다고요."

평소 할머니를 보고 싶어 하는 별이는 할머니에게 우리 집에서 살라고 할 정도로 할머니를 좋아한다. 그렇게 좋아하는 할머니를 보러 가기 싫다는 별이의 말이 매정하게 들렸다.

여행을 갈 때도 별이의 불만은 끝이 없었다. 제주도에 가고 싶다고 몇 달을 졸라서 힘들게 계획한 가족여행이었다. 여행 날짜가 다가올수록 설레는 마음에 기분이 좋은 가족들과는 달리 별이는 점점 기분이 안 좋아졌다.

"이렇게 더운데 어떻게 놀아요? 그냥 에어컨 켜놓고 집에나 있자고 할걸."

제주도 생물이 보고 싶다며 노래를 불렀던 아이다. 2년 전 다녀왔던 성산일출봉이 그립다며 사진까지 붙여놓고 기대하던 제주도. 그렇게 가고 싶다던 여행인데 별이는 왜 기쁘지 않은 걸까? 여행 당일, 괜히 가자고 했다며 제발 자기는 집에 놓고 가라고 한 발짝도 떼지 않으려는 별이와 씨름하며 집을 나섰다. 공항에 가서 비행기에 탑승할 때까지 주위 모든 것에 불만을 토로하는 별이를 보며 얼마나 불편했는지 모른다.

그렇게 힘들게 시작한 여행이 망했을까? 신기하게도 별이의 감정은 폭풍우처럼 몰아치다가 일정이 시작되면 언제 그랬냐는 듯이 잠잠해진다.

"정말 좋아요. 오길 잘했어요. 데려와 주셔서 감사합니다."

이런 별이를 보면 어이없기도 하고 안타깝기도 하다. 얼마나 마음이 불안하고 조마조마하면 그럴까? 불안 대신 설레고 즐거운 마음으로 기다릴 수는 없을까?

놀이치료를 통해서 별이의 이해하기 힘든 행동들이 불안 때문인 것을 알게 되었다. 앞으로 다가올 일정이 걱정되고, 예측할 수 없는 미래가 두렵고, 예상대로 흘러가지 않을까 봐 불안한 마음 때문이었다. 생각해 보면 어렸을 때는 같이 외출할 수 없을 정도로 별이의 불안이 심했다. 신발을 사러 가고 싶다고 해서 방문한 백화점 지하 주차장에서 내리지 않겠다고 버텨서 들어가 보지도 못하고 그대로 집에 돌아온 적도 있었고, 대나무 숲에 가고 싶다고 해서 방문한 죽녹원 앞 주차장에선 내리자마자 소리를 지르는 통에 두 시간이나 입구에서 아이를 진정시켜야 했다.

치료를 진행하고 있는 지금도 별이의 불안은 완전히 사라지지 않았다. 다만 자기의 불안함을 알아차리고 주변 사람과 소통할 수 있는 방식으로 표현할 수 있게 되었다.

"엄마, 멀미약은 챙겼어요? 저 토할지도 모르니 비닐봉지도 챙겨주세요."

"엄마 여행 가서 비가 오면 어떡해요? 비 올 때도 방문할 수 있는 곳을 찾아봐요."

일정이 시작되기 전에는 여전히 불안하고 걱정거리가 넘쳐나는 별이지만 자기 마음을 이야기하고 도움을 청한다.

"엄마, 그래도 저 이 정도면 잘하고 있는 거죠?"

"그래 우리 아들, 노력해 줘서 고마워. 엄마도 별이 마음이 편하도록 옆에서 도울게."

 **레프샘의 팁**

사람의 뇌는 새로운 일을 시작할 때 두려움을 느끼도록 설계되어 있다고 합니다. 새로운 일이 크고 중요할수록 두려운 마음이 커진다고 해요. 우리 별이는 여행을 갈 때마다 유난히 마음이 불편했어요. 여행에 가고 싶은 마음이 컸던 만큼, 기대했던 것이 많은 만큼, 출발일이 다가올수록 초조하고 불안한 마음도 커졌던 것 같아요.

이번에 가족여행을 준비하면서 유용하게 사용했던 방법은 스몰 스텝 Small-step **전략이에요.** 캐리어를 꺼내기만 해도 저렇게 커다란 가방에 짐을 언제 다 싸냐며 걱정부터 하는 아이라 작은 손가방 하나를 건넸어요.

"아들, 여행에 가지고 가고 싶은 거 있어? 여기에 한번 챙겨볼래?"

손바닥만 한 가방이라 물건 두세 개만 넣어도 가득 찼어요. 그랬더니 챙겨가야 할 물건들이 많다며 점점 큰 가방을 찾더라고요. 그렇게 여행에 필요한 옷과 신발, 읽고 싶은 책과 간식을 스스로 챙겨보는 연습을 통해 여행에 대한 막연한 두려움 대신 기대를 가질 수 있도록 도왔습니다.

쉬고 싶어요

별이는 체력이 약하다. 아침에 눈 떠서 밤에 잠들 때까지 기본값은 피곤함이다. 겨우 등교를 하면 수업이 끝나자마자 바로 집으로 온다. 집에 와서 한두 시간 뒹굴며 휴식 시간을 가져야 다음 일정을 소화할 여력이 생긴다. 혹시 밤에 잠을 설쳐 피곤한가 싶어서 주말에 자고 싶은 만큼 자라고 깨우지 않은 때도 있었다. 10시가 훌쩍 넘은 시간, 별이가 눈뜨며 하는 말에 적잖이 당황했다.

"엄마, 저 다시 잘게요. 잘 주무세요."

지금까지 잤는데 피곤하다는 말에 만성피로를 의심했다. 초등학생이 직장인도 아니고 어째서 주말에 자도 자도 피곤한 걸까? 편식이 심해 영양분이 불균형한가 싶어 영양제도 먹여보고, 세끼 고기반찬을 해가면서 부지런히 챙겨 먹였다.

하지만 별이는 여전히 에너지가 부족했다.

주말 외출로 피곤한가 싶어 주말 동안 아무런 일정을 잡지 않고 집에만 있어도 봤다. 느지막이 일어나 아침 겸 점심을 먹은 별이는 늦은 오후가 되자 지루함을 호소했다.

혼자서 종일 늘어져서 허우적대는 별이를 보고 있으면 안쓰럽기도 하다가 속에서 천불이 났다. 이 좋은 날, 아까운 시간에 왜 저러고 있는 걸까? 차라리 푹 쉬어서 좋았다고 하면 마음이라도 편할 텐데. 피곤해서 쉬고 싶다고 했다가, 아무것도 안 해서 지루하다고 했다가, 나가자고 하면 힘들어서 못 나가겠다는 별이를 보면서 혼란스러웠다.

별이의 체력에 대한 궁금증은 감각통합치료에 갈 때마다 나의 단골 상담 주제였다. 별이가 답답하고, 이해가 안 가서 누구라도 붙잡고 물어보고 싶었다. 내 물음에 치료사님은 별이가 에너지를 불필요한 곳에 많이 쓰고 있는 것 같다고 했다.

"어머니, 주변에서 들어오는 자극들을 적절히 처리하지 못해서 생기는 피로감과 불편함이 별이의 에너지를 가져가는 것 같아요. 또 불안한 감정을 처리하지 못해서 부정적인 감정을 뭉뚱그려 불평불만이나 화로 표현하면서 감정 소모가 심하고요. 너무 많은 곳에 에너지를 빼앗기다 보니 또래의 다른 친구들처럼 생산적인 일, 학습이나 놀이 등을 위해 쓸 힘이 부족할 거예요."

그러고 보니 별이는 두 살 어린 동생보다도 언제나 먼저 지쳤다. 천성이 느리고 게을러서 그런 거라고 오해한 적도 있었다. 운동량이 부족해서 체력이 약한 거라고 생각하기도 했었다. 그런데 자기도 모르게 원치 않는 곳에 에너지를 빼앗기고 있었다고 생각하니 너무나 안타까웠다. 그동안 얼마나 지치고 힘들었을까? 부모로서 제대로 알아차리지 못하고 도리어 혼내기만 했다.

> "예민한 아이는 내적 긴장이 지속되면서 쉽게 지쳐 스트레스 상황에서 회복되는 데 다른 사람보다 더 많은 시간과 휴식을 필요로 한다."

『모든 아이는 예민하다』를 읽으며 예민한 아이들은 남들보다 빨리 지치고, 회복하는 데 더 많은 휴식이 필요하다는 것을 알게 되었다. 별이는 학교에서도 집에서도 매 순간 지적받지 않기 위해서, 인정받기 위해서 끊임없이 긴장하고 노력하고 있었을지도 모른다.

  책에서는 아이가 얼마만큼의 자극을 감당할 수 있는지 확실히 파악해 두라고 조언했다. 우리 별이는 이미 자신이 감당할 수 있는 자극을 알아차리고 휴식을 취하고 있었다. 학교 수업이 끝나면 집에 와서 잠시 충전의 시간을 갖고 학원에 다녀와서 저녁에 길게 휴식하는 것으로 평일의 스트레스 상황들을 감당하고 있었다. 주말에는 시간 맞춰 일어나서 챙겨야 한다는 부담감을 내려놓고 느슨하고 편안하게 쉬고 싶었던 것 같다.

  별이가 힘들어하는 이유를 이해하고 나니, 아이와 함께하는 시간에 조금은 더 여유를 가지고 보낼 수 있었다. 아직 일어나지도 않은 일을 걱정하고 불안해하지 말고 지금 여기, 아이와 함께하는 시간을 오롯이 즐기자고 마음먹었다. 조금 빨리 지치면 어떤가. 우리가 가능한 만큼, 그 시간을 충분히 즐기면 되는 것 아닌가? 별이 덕분에 행복의 비밀을 조금 빨리 알아차릴 수 있었다. 남보다 많이 빨리 간다고 행복한 것은 아니다. 우리 아이의 속도에 맞춰 함께 걸어갈 수 있어서 감사하다.

레프샘의 팁

남들보다 금세 지치고 회복이 더딘 아이를 키우고 있다면 조금은 느슨하게 하루를 보내는 것도 좋아요. 아침부터 계획대로 착착 진행돼야 마음이 놓였던 저에게는 연습이 많이 필요한 부분이었습니다.

주말에는 평소보다 조금 늦게 일어나 브런치를 먹고 거실에 들어오는 따스한 햇살을 받으며 여유로움을 즐겨보는 경험이 생각보다 편안했어요. 제가 보채고 서두르지 않으니 오히려 아이도 활기차게 아침을 맞이할 수 있었어요.

아이와 함께 외출을 하는 날이면 사전에 일정을 조율했습니다. 되도록 일정은 하나만, 장소 이동은 지양하고 머무는 시간도 반나절이 넘지 않도록 했어요.

여행지에 가서도 무리한 계획은 세우지 않는 것이 좋습니다. 천천히 아침을 즐기며 가보고 싶은 곳을 함께 정하고 점심 무렵 일정을 시작했어요. 뒤에 다른 계획이 없기에 하나의 일정에 집중해서 충분히 보고 느끼는 여행을 할 수 있었습니다. 덕분에 아이와 처음 가보는 해외여행도, 더운 여름 제주도 여행도 무사히 마칠 수 있었어요.

공포의 밤 10시

 하루를 마치고 잠자리를 준비하는 시간. 포근한 이불에 누워 나름 괜찮은 하루였다고 다독이며 내일을 기대하는 시간. 기분 좋게 하루를 마무리하는 밤 10시. 누군가에게는 평온한 이 시간이지만 별이에게는 종종 혼란과 좌절의 파도가 밀려온다.

"아, 맞다. 배움 공책 정리 안 한 거 있는데! 내일까지 꼭 검사받으라고 하셨는데."

"내일 영어수업이 있잖아. 영어 단어 써가는 거 하나도 안 했는데 어떡하지?"

"리코더 수행평가 연습을 하나도 못 했네."

"태블릿으로 글쓰기 한다고 했는데 타자가 너무 어려워. 반도 못 쓸 것 같아."

"내일 동아리 준비물 가져오라고 하셨는데, 미니어처 만들기 재료가 다 떨어졌잖아."

"벌써 10시인데 이걸 언제 다하지? 잠도 못 자고 뭐야."

이 밤에 혼자서 걱정하고 불안해하는 별이를 보고 있으면 내 마음속에서도 폭풍이 몰려온다. 분명 아까 확인했을 때는 할 일이 아무것도 없다고 했었다. 알림장과 주간 학습을 볼 때도 숙제가 없다고 좋아했다. 실컷 누워서 놀고, 간식 먹고, 책 읽고, 영상 보다가 왜 자려 하면 갑자기 해야 할 일이 떠오르는 걸까?

학교 다녀와서 확인만 제대로 했어도 이런 일은 없었을 텐데. 준비물도 미리 챙겼더라면 충분히 살 수 있었을 텐데. 리코더 연습도 타자 연습도 주말부터 조금씩 했더라면 부담스럽지 않았을 텐데. 배움 공책 정리도 숙제도 학교에서 밀리지 않고 제시간 안에 했으면 좋았을 텐데. 끊임없는 '~했을 텐데'가 입에서 맴돌며 답답한 마음에 화가 치밀어 오른다. 별이가 일부러 그런 게 아니라 해야 할 일을 스스로 챙기고 마무리하기가 어렵다는 것을 안다. 하지만 알면서도 화가 나는 것은 엄마의 아량이 부족해서일까?

'어차피 피곤해서 못 할 거라면 차라리 기억이라도 안 나면 얼마나 좋을까? 그러면 적어도 오늘 밤은 편하게 잘 수 있을 텐데.'라고 생각한 적도 많았다. 불안과 초조함에 이성을 잃고 우는 아이를 외면하고 싶은 마음을 다잡고 말을 꺼낸다.

"지금 할 수 있는 간단한 거 하나라도 빨리할까? 엄마가 도와줄게."

"피곤한데 어떻게 숙제를 해요. 다 시간이 오래 걸리는 거란 말이에요."

"그러면 내일 일찍 일어나서 맑은 정신에 하는 건 어때?"

"전 아침잠이 많단 말이에요. 아침에 이것 때문에 일찍 일어나라고요?"

"그럼 그냥 학교 가서 선생님에게 죄송하다고 말하자."

"그러면 선생님이 절 가만히 두시겠어요?"

이럴 땐 정말 어떻게 해야 할지 모르겠다. 도와준다고 해도 싫다, 아침에 하는 것도 힘들다, 선생님에게 혼나는 것도 싫다니. 어찌할 바를 몰라 혼란스러워하는 별이에게는 나의 조언이나 위로의 말이 들리지 않는 것 같았다. 차라리 내가 대신 해줄 수 있다면 얼마나 좋을까? 밤에 종종 찾아오는 혼란의 시간이 두렵다. 별이 머릿속에 들어가 차곡차곡해야 할 일을 정리해 줄 수 있으면 좋을 텐데.

별이와 함께 매주 찾는 놀이치료사님에게 고민을 털어놓았다. 아이가 해야 할 일들이 많아지면 어쩔 줄 모르고 혼란스러워하는데 어떻게 도움을 줘야 할지 모르겠다고 말했다. 치료사님은 별이가 숙제를 싫어하지만, 그것을 끝마치지 않은 상황을 더 못 견뎌 하는 것 같다고 말했다.

"별이는 정해진 규칙을 지켜야 마음이 편안한 아이예요. 해야 할 일을 하지 못하고 등교할 때까지 불안해하는 것보다는 조금이라도 할 수 있게 도와주는 것이 좋아요. 그리고 엄마가 제시하는 대안들이 별이에게는 수많은 선택지가 되어서 더 혼란을 주는 것 같아요. 별이가 당장 해야 할 일을 간단히 말하시고 마음 정리를 할 수 있게 기다려주세요."

생각해 보면 별이가 어쩔 줄 몰라 하는 그 상황을 나도 견디기 힘들어하는 것 같았다. 아이가 고민하고 힘들어하는 모습을 보기가 힘들어서 그 상황을 빨리 빠져나오고 싶었다. 내가 대충 정리하고 넘어가려고 제시했던 방법들이 별이를 더 혼란스럽게 했다니, 엄마의 무지가 부끄러웠다.

공포의 10시를 편안한 10시로 바꾸기 위해서 우리는 직면의 시간을 앞당겼다. 일명 '피곤해지기 전에' 작전이다. 저녁을 먹기 전에 별이의 할 일을 점검한다. 해야 할 일을 파악한 다음에 순서를 정한다. 그리고 대략적인 수행 시기를 함께 조율한다. 마지막으로 혼자서 할 수 있는 일인지, 엄마의 도움이 필요한 일인지 이야기한다.

이렇게 할 일들을 한번 훑어보고 나면 별이 머릿속에 각인이 되어 할 일을 못 했을 때도 아까 머릿속에 넣어뒀기 때문에 덜 당황스러워한다.

"제가 놀다가 깜박 잊었네요. 저녁 먹고 하기로 한 건데. 지금 바로 할 수 있어요."

여전히 할 일은 많고 별이는 깜박거리지만 이젠 잔잔한 파도가 밀려온다. 우리를 집어삼킬 만한 쓰나미가 사라지니 우리도 나름 평화로운 밤을 보낼 수 있다. 오늘 밤 다른 가정에도 잔잔한 물결이 일기를, 거센 파도가 아이들과 부모님의 마음을 할퀴지 않기를 바란다.

 **레프샘의 팁**

걱정과 불안이 많은 아이라면 선택지를 좁혀주는 것이 효과적이라고 해요. 『우울한 땐 뇌 과학』에서도 비슷한 이야기를 합니다.

"일단 뭐라도 결정하라. 확실성이 아니라 가능성이 불안과 걱정을 촉발한다. 대개 사람들은 선택의 여지가 많을수록 더 불쾌해진다. 걱정해야 할 게 더 많아지기 때문이다."

숙제가 여러 개가 있는 날은, 일단 제일 먼저 할 일을 결정하는 것이 좋아요. 여러 가지 숙제라는 커다란 덩어리에서 지금 해야 할 한 가지로 초점이 맞춰지면 과제 부담감도 줄어들고, 불안도 내려갈 거예요. 저도 우유부단한 사람이라 선택을 두려워하고 미루던 때가 있었습니다. 아이들에게 뭐가 최선인지 고민만 하며 불안해하지 말고 결단력을 발휘해서 한 걸음 내딛어 보아요.

잠들기 힘들어요

 불안이 높은 별이에게 잠은 언제나 어려운 숙제였다. 옆에 사람이 없으면 잠을 자려는 시도조차 못 했던 아이였다. 별이는 옆에 누운 엄마의 손등을 한 시간이고 두 시간이고 어루만져야 겨우 진정이 되어 잠에 들곤 했다. 잠들려고 하다가 손이 만져지지 않으면 벌떡 일어나 엄마를 찾는 통에 매일 밤 별이가 잠들 때까지 옆에서 꼼짝도 하지 못했다. 내 손등에 굴곡이 그리 많은지, 핏줄이 얼마나 튀어나와 있는지 별이를 낳기 전에는 미처 몰랐다.

 아이니까 당연히 잠들기 힘든 거라고 생각했는데, 둘째를 키우면서 알았다. 옆에 사람이 없어도 혼자서 잠이 들 수 있는 거구나. 잠자리에 누워 책 한두 권을 읽어주면 쉽게 잠드는 둘째였다. 하지만 별이는 한 시간이고 두 시간이고 뒤척이다가 가족들이 모두 잠들고 나서야 겨우 잠이 들었다. 별이는 눕자마자 빨리 잠드는 동생을 부러워했다.

"엄마 저도 동생처럼 빨리 자고 싶어요. 너무 힘들어요."

나도 눕자마자 잠드는 둘째가 부러웠다. 계속해서 손등을 만지는 별이의 손길이 신경 쓰여서 피곤해도 잠들지 못하는 밤. 조금 크면 나아질 거라 생각했던 별이의 잠버릇은 초등학교에 들어가도 계속되었다. 달라진 게 있다면 꼭 엄마의 손등이 아니어도 된다는 것. 아빠든 동생이든 잠들 때까지 만질 수 있는 손등이 옆에 있으면 괜찮았다. 하지만 한 시간 넘게 손등 만지는 것을 참아주는 것은 매우 힘든 일이었다. 남편도 나도 별이와 함께 자면서 수면의 질이 너무 떨어졌다. 제발 별이가 혼자서 잠잘 수 있게 되기를 바랐다.

별이의 치료를 시작하면서 감각 처리에 어려움이 있는 아이들은 잠이 드는 것도, 잠에서 깨어나는 것도 남들보다 어렵다는 것을 알게 되었다. 보통은 해가 지고 밤이 되면 각성이 풀리며 몸의 근육들이 이완되고 나른해져 잠이 몰려오는데 별이는 자연스럽게 각성이 내려가는 아이가 아니었다. 밤이 되어도 계속 높게 유지되는 각성 상태 때문에 끈을 돌리거나 손을 문지르면서 자극을 추구하는 것이었다.

감각치료사님은 잠자리에 들기 전에 아이가 영상이나 책을 보는 것을 줄이라고 했다. 다른 아이들에게는 지루하고 졸린 책이 별이에겐 강한 시각 자극이 될 수 있다는 말에 놀랐다. 잠들기 전에 책 읽는 것이 좋은 습관이라고 생각했는데 우리 아이의 수면을 방해할 수 있다니! 밤에는 자극이 될 만한 것들은 최대한 줄여야 각성 상태가 완화될 수 있다고 했다.

대신 별이에게 전신운동을 권했다. 땅에 몸을 딱 붙이고 뱀처럼 기어다니거나, 곰처럼 네발걸음을 하며 거실을 돌아다니는 것이다. 이런 운동은 온몸의 근육과 관절을 다 사용하기 때문에 각성 상태를 떨어트리고 근육을 이완시킬 수 있다고 한다. 바닥을 기거나 네발걸음을 하기가 여의찮으면, 커다란 쿠션으로 몸을 둘러싸거나 눌러서 안정감을 주거나, 벽에 베개를 대고 온몸으로 밀어서 최대한 많은 면적에 자극을 주라고 했다.

처음에는 이게 되겠나 싶었다. 자기 전에 책 보고 쉬어야 안정이 될 것 같은데, 바닥을 기어다니는 전신운동을 하라니 의아했다. 하지만 별이는 생각보다 치료사님의 방법에 흥미를 보였다. 별이는 정말 잠들기가 힘들었고, 스스로 어려움을 크게 느끼고 있었기에 잠만 빨리 잘 수 있다면 바닥을 기든 벽을 밀든 열심히 해보겠다고 했다.

"엄마, 기어다닐 시간이에요."

잘 시간이 가까워지면 아이랑 나랑 같이 바닥을 기어다녔다. 우리가 커다란 몸을 이끌고 거실을 기어다니는 게 재밌어 보였는지 딸도 동참했다. 셋이 거실을 기어다니는 모습이 얼마나 우스꽝스럽던지. 뱀처럼 배를 바닥에 딱 붙이고 5분만 기어다니면 온몸에 진이 쫙 빠진다. 그렇게 전신운동을 하고 잠자리에 누우면 뒤척이는 시간도 확실히 줄고, 잠드는 시간도 빨라졌다. 평소 잠드는 데 한 시간 이상 걸리던 별이도 30분 정도면 잠들 수 있었다.

매일 밤 별이와 실험을 했다. 어떤 동작을 했을 때 잠이 제일 잘 올까? 커다란 쿠션으로 온몸을 감싸보기도 하고, 무거운 인형을 배와 가슴 위에 올려보기도 했다. 벽에 온몸을 밀어보기도 하고, 곰처럼 네발걸음도 해봤다. 밤마다 거실과 침실은 분주했다. 내가 시켰으면 귀찮다고 절대 하지 않았을 동작인데 아이 스스로 필요성을 느끼니 자발적으로 참여했다. 우리 별이에게 가장 효과가 좋았던 방법은 네발걸음과 커다란 인형 가슴에 올리기, 몸에 밀착되는 무게감 있는 이불 덮기였다.

나만의 잠자리 의식이 생기고, 마음에 드는 이불과 인형으로 잠자리를 세팅하고 나니 잠들기가 훨씬 쉬웠다. 밤에 뒤척이는 시간이 짧아지고 수면의 질이 올라가면서 아침에 일어나는 것도 조금은 수월해졌다.

푹 자고 일어나면 아이의 얼굴이 맑다. 편안하게 잠드는 법을 발견한 별이는 매우 뿌듯해했다. 선생님이 알려준 방법을 활용해서 스스로 시도해 보고 찾아냈다는 성취감이 컸다. 요즘 별이는 나에게 다양한 요구를 한다.

"제 회색 이불 좀 꺼내주세요. 인형이랑 같이 덮으려고요."

"침대 옆에 놓을 긴 베개가 필요해요."

"방문은 반만 닫아 주세요. 빛이 살짝 들어오는 것이 보이게요."

불편함을 개선하려는 노력, 스스로 편안함을 찾아가는 시도들이 부정적인 감정에 휩싸인 아이를 생산적으로 만들었다. 하루를 마무리하며 편안하게 잠자리에 드는 것, 평범한 일상이 얼마나 고마운 일인지 모른다.

 **레프샘의 팁**

감각 처리에 문제가 있는 아이들은 밤에 잠들고, 아침에 일어나는 것을 힘들어하는 경우가 많아요. 어렸을 때부터 자고 일어나기만 하면 우는 별이가 왜 그러는지 몰랐는데, 감각통합치료를 받으면서 아침 햇살도 불편한 자극이 될 수 있다는 것을 이해하게 되었어요.

감각통합치료는 일반적으로 유아가 받는다고 생각하지만, 요즘은 중고등학생이나 성인도 필요한 경우 감각통합치료를 진행한다고 합니다.

별이는 이제 본인에게 불편한 감각들이 무엇인지 알아차리고 스스로 편안하게 만드는 요령을 터득해 나가고 있어요. **외부의 감각을 잘 처리하고 내 몸을 편안히 사용할 수 있게 도와주는 감각통합치료가 아이에게 큰 도움이 되었습니다.**

나 혼자 산다

우리 별이의 꿈은 '나 혼자 산다'. 아무도 없는 넓은 집에서 사랑하는 반려동물과 오순도순 행복하게 사는 것이 꿈이다.

"난 절대 결혼은 안 할 거야. 다른 사람이랑 같이 지내는 것은 힘들어."

별이가 혼자 살고 싶다고 이야기할 때마다 마음이 아프다. 가족이라는 존재가 편안하고 따뜻한 것이 아니라 불편하게 느껴지는 것 같아서 안타깝다. 세상에서 제일 가까운 가족들과의 관계도 별이에게는 스트레스로 다가오는구나 싶었다.

별이를 가장 힘들게 하는 것은 다름 아닌 가족이었다. 아침에 더 자고 싶은데 깨우고, 귀찮은데 숙제했는지 확인하고, 쉬고 싶은데 씻으라고 하고, 안 자고 싶은데 자라고 하는 엄마는 자기를 귀찮게 하는 사람이다. 하루의 모든 순간을 나랑 부딪치는 별이. 한 번을 "네 알겠습니다." 하고 순순히 따르는 일이 없었다. 자꾸만 논쟁을 벌이는 별이와 이야기하다 보면 정작 해야 할 일들을 제대로 못 하는 경우가 많았다.

별이에게 동생은 거슬리고 짜증 나는 존재였다. 별이보다 키도 작고 나이도 어린 동생은 모든 것이 빨랐다. 특히 대근육, 소근육 발달 속도가 느렸던 별이와 다르게 달리기, 그네타기, 줄넘기, 수영 등 뭐든 먼저 시작했다. 누가 비교하거나 뭐라고 하지 않았지만, 동생의 존재가 별이의 마음을 불편하게 하는 것 같았다.

각자 다른 성향도 서로를 힘들게 했다. 자기 공간에서 방해받지 않고 조용히 쉬고 싶은 별이에게 동생은 끊임없이 다가갔다. 오빠 공간에 들어가고 싶고, 이야기하고 장난치고 싶은 딸은 계속해서 오빠에게 자극을 줬다. 딸이 했던 호감의 표현들이 별이에게는 불편함이었다. 밝고 쾌활한 딸이 정말 귀엽고 사랑스럽지만, 힘들어하는 별이를 보면 제발 오빠를 좀 놔뒀으면 싶었다. 달라도 너무 다른 동생을 웃어넘기기엔 별이의 마음이 그리 편치 않았다.

별이의 세상을 가장 크게 흔드는 것은 아빠였다. 남편과 별이는 자주 부딪쳤다. 주간과 야간을 돌아가면서 일하는 남편은 잠에 민감했다. 조용히 자고 싶지만, 거실에선 항상 아이들의 다툼이 벌어지고 있었다.

"애들아, 소리 좀 낮춰줘."

시끄럽게 다투는 소리에 신경이 곤두선 남편이 호통을 쳤다. 아빠의 목소리에 놀라 딸은 바로 소리를 낮추고 방으로 들어갔다. 문제는 별이.

"화가 나는데 어떻게 조용히 해요? 그리고 전 방에서 놀기 싫다고요."

눈치 없이 불만을 늘어놓는 별이의 목소리가 남편을 자극했다. 남편은 별이의 속상한 마음을 알아주기엔 잠이 부족하고, 별이는 아빠의 피곤함을 이해하기엔 너무 어렸다.

'나도 혼자 살고 싶다. 우리 별이는 왜 그럴까?'

동생과 자꾸 부딪치고 아빠랑 갈등이 심했던 별이를 관찰하니 반복적으로 감정이 상하는 지점이 있었다. 한 공간에서 같이 살아가려면 아무리 가족이라도 지켜야 할 것은 있는 법이다. 무조건 "아빠 말이니까 들어." "오빠니까 양보해."라는 말은 별이에게 반발심만 더 키우기 때문에 가족 모두가 함께 지킬 존중의 약속을 만들었다.

- 다른 사람의 물건은 허락받고 사용한다.
- 말과 행동은 부드럽게 한다.
- 명령 대신 부탁을 한다.
- 자기가 맡은 일을 스스로 한다.

우리 가족 모두의 노력 덕분에 집에서 함께하는 시간이 조금씩 편해졌다. 별이의 꿈은 여전히 '나 혼자 산다'지만 이제는 엄마랑 멀지 않은 곳에서 살겠다고 말한다. 엄마를 자주 볼 수 있는 곳에 살고 싶다는 말이 너무나 고마웠다. 별이가 집이 싫어서 떠나는 것이 아니라 멋지게 성장해서 자립할 수 있도록 열심히 돕고 싶다.

 **레프샘의 팁**

학교나 회사에서 새로운 프로젝트를 진행할 때 사전에 안내와 논의 절차를 거치는 것처럼 집에서도 오리엔테이션 시간을 가져보세요. **특별한 일정이 예정된 경우에는 아이들과 미리 이야기를 나누면 좋습니다. 어떤 이유로 이런 일을 하는지, 언제 어디서 일이 진행되는지, 우리가 해야 할 일은 무엇인지 자세하게 안내했어요.** 이때 아이가 주의해야 할 사항도 미리 알려주고 궁금한 점도 질문을 받았습니다. 이런 시간을 가지면 당일에 얼굴 붉히는 일을 줄일 수 있어요.

물론 아이가 한 번에 순순히 받아들이는 것은 아닙니다. 반발이 심한 경우에는 여러 차례에 나누어 이야기해 주세요. 이렇게 일을 몇 번 진행하다 보면 전보다 받아들이는 속도도 빨라집니다. 무엇보다 엄마 마음대로 한다며 억울해하는 말이 많이 줄어들어요.

3장
학교

학교생활이 버겁게
느껴지나요?

가슴 떨리는
학부모 상담

　새 학기는 교사와 학생 모두에게 두렵고 떨리는 시기이다. 2월부터 새 학년 새 학기를 준비하는 교사들은 올해는 어떤 아이들을 만날지 기대하고 어떤 내용을 가르쳐야 할지 고민하느라 몸과 마음이 분주하다. 아이들도 3월이 부담스럽기는 마찬가지다. 익숙한 교실과 친구들을 떠나서 새로운 선생님, 친구들과 생활하기는 여간 어려운 것이 아니다.

　그렇다면 학부모로서 맞이하는 새 학기는 어땠을까? 한 치 앞이 보이지 않는 안개 속을 걸어가는 것 같았다. 3월이 다가올수록 늘어나는 걱정들로 불안하고 초조했다. 담임선생님은 어떤 분이실까? 우리 아이가 선생님의 말을 잘 따를까? 수업을 따라갈 수 있을까? 같은 반 친구들은 어떤 아이들일까? 친구들이랑은 잘 지낼 수 있을까?

별이는 방학이 영원히 끝나지 않았으면 좋겠다며 학교가 펑! 하고 사라지기를 바랐다. 폭설이 내려 학교가 파묻혀 버리길, 선생님도 학생들도 모두 학교에 갈 수 없는 상황이 벌어지길 방학 내내 기도했다. 그런 아이를 보면서 나도 같이 기도할 수밖에 없었다.

'제발 좋은 선생님 만나게 해주세요. 좋은 친구들 만나게 해주세요.'

방학 내내 열심히 기도했지만 별이의 기도는 이루어지지 않았다. 그토록 피하고 싶었던 새 학기 첫날이 매번 오고야 만다. 아이의 등교가 시작되면 나의 기도는 더욱 절실해진다.

'오늘 하루도 무사히 지나가게 해주세요. 아무 일도 일어나지 않게 해주세요.'

전쟁터에 보낸 아들을 기다리는 심정으로 새 학기를 보내야 한다니, 교사로서 느끼는 새 학기 부담감과는 또 다른 차원의 기분이었다.

"아들, 오늘 하루 어땠어? 학교는 괜찮았어?"

집에 돌아온 아이에게 최대한 밝은 표정으로 명랑하게 말을 건넸다. 별이의 학교생활이 어떤지 너무나 궁금하지만, 캐묻는 것처럼 보이지 않으려 애써 노력해서 고른 말이었다.

"별일 없었어요. 그냥 그래요."

→ 별이에게는 최상급 표현. 오늘 하루 괜찮았구나.

"학교가 괜찮을 리가 없잖아요. 물어보지 마세요."

→ 오늘은 조금 힘든 날이구나.

"최악이에요. 학교는 누가 만들었는지 모르겠어요."

→ 속상한 일이 있었구나.

별이에게서 학교 이야기를 듣기란 하늘의 별 따기였다. 아이의 학교생활에 대해 알아볼 수 있는 유일한 방법은 학부모 상담이었다. 우리 아이가 학교에서 어떻게 지내고 있는지 궁금한 것이 너무 많았다. 하지만 궁금한 만큼 두려움도 큰 법. 어렴풋이 짐작만 하던 아이의 학교생활을 확인하는 것은 판도라의 상자를 여는 것 같았다. 매년 상담에 갈 때마다 수없이 반복해서 들었던 이야기들을 굳이 또 확인하고 싶지 않은 마음도 컸다.

고민하고 있던 내게 경력이 많은 선생님이 조언을 했다.

"당연히 상담 신청해야지. 선생님과 아이의 감정의 골이 깊어지기 전에 먼저 우리 아이 잘 부탁드린다고 말해. 아이가 학교에서는 잘 지내고 있는지 혹시 어려운 점은 없는지 먼저 물어봐. 집에서 신경 써서 지도해야 하는 부분이 있는지 조언도 구하고. 요즘은 학부모가 물어보지 않으면 선생님이 절대 먼저 말 안 해줘. 1년 잘 지내길 바라는 거면 선생님이랑 좋은 감정으로 소통하는 것이 중요해. 나보다 아이랑 함께 있는 시간이 많은 분인데 잘 지내면 누구한테 좋겠어? 아이가 힘들수록 학부모와 선생님의 협력이 더 중요해."

정년을 앞두고 있는 선생님의 솔직하고 진심 어린 말이 큰 도움이 되었다. 담임선생님은 1년이지만 나는 평생을 함께할 아이다. 학교에 나 몰라라 맡기지 말고 책임감을 가지고 먼저 손 내밀어 보자 마음먹었다.

보통 학기 초 상담은 선생님보다는 학부모님의 이야기를 중심으로 진행된다. 아이들도 학기 초엔 긴장하고 조심스럽게 행동하기 때문에 선생님이 아이들을 파악하는 데 시간이 걸린다. 대부분 학부모님이 아이에 대한 정보를 주고, 학교생활에서 궁금한 점이나 특별히 부탁할 것이 있으면 말해준다.

나의 학기 초 상담은 언제나 고해성사로 시작한다. 3월 첫 주에 배부되는 아이들의 기초환경조사서에 차마 적지 못했던 아이의 상태, ADHD 진단과 치료, 약물복용, 그동안의 학교생활에 대해서 솔직하게 털어놓았다. 매번 숨기고 싶던

진실이었다. 그냥 모른 채 덮어두고 싶었지만, 선생님의 도움을 받고 싶었기에 담담히 말했다.

"어머님, 별이에 대해서 솔직하게 말씀해 주셔서 감사해요. 어머님 말씀을 듣고 나니 그동안 별이에 대해서 궁금했던 점들이 해결 되네요. 앞으로 학교생활에 잘 적응할 수 있도록 제가 옆에서 돕겠습니다."

지금까지 내가 만난 담임선생님들은 별이의 진단과 치료 이야기를 듣고는 조금 놀라는 모습이었다. 아이가 조금 느리고 산만하다고는 생각했지만, 약을 먹을 정도는 아니라고 생각했다고. 아마도 별이가 조용한 ADHD에 가까워서 그랬던 것 같다. 학교에서도 불평불만을 종종 하지만 집에서만큼은 심하지 않은 것 같았다.

용기 내서 상담을 신청한 덕분에 학교에서 가장 큰 지원군이 생겼다. 옆에서 돕겠다는 말이 정말 고마웠다. 선생님 덕분에 불안했던 내 마음이 한결 편해졌다. 혼자서 고민하고 걱정하는 것보다 털어놓고 도움을 요청하는 것이 훨씬 나았다. 학기 초 상담을 통해서 선생님과 소통하고 나면 학기 중에 벌어지는 다양한 문제에 대처하기가 수월했다. 자꾸만 누적되는 학습 부진 문제에 대해서도 빨리 인지하고 손을 쓸 수 있었고, 친구 관계 어려움도 선생님 덕분에 알게 되었다. 종종 아이가 놓치는 중요한 전달 사항들도 선생님이 신경 써서 한 번 더 챙기고 알려줬다.

내가 솔직히 말하지 않았다면 선생님은 아마 별이를 굉장히 게으르고 불만 많은 학생으로 생각하지 않았을까? 학기 초 상담 이후 선생님은 별이를 어려워도 해보려고 노력하는 기특한 아이로 봐줬다. 덕분에 별이는 선생님들을 좋아했다.

"학교는 정말 끔찍해. 그래도 우리 선생님은 나쁘지 않아." 이 정도면 최고의 칭찬이다.

 레프샘의 팁

요즘은 학교마다 학기 초 상담 주간이 없어지는 추세입니다. 시기에 상관없이 상담을 신청할 수 있는 수시 상담제로 바뀌고 있어요. 학기 초 상담 주간이라는 말 때문에 형식적으로 상담을 하던 부모님들의 부담을 줄이고, 학생과 학부모가 필요할 때 언제든 도움을 주자는 의미라고 해요.

아이가 학교생활에 적응을 잘하고 교우관계가 원만하다면 2학기에

상담을 신청하는 것을 추천해요. 여름방학 후 아이들의 변화가 급격히 나타나거든요. 3, 4월에는 선생님이 아이에 대해서 할 이야기가 많지 않을 수도 있습니다.

아이가 학교생활을 힘들어하거나 특별한 어려움이 있는 경우에는 되도록 빨리 상담을 신청해서 선생님과 논의하는 것이 좋습니다. 학기초에 제출하는 간단한 종이 한 장으로 된 기초조사서로 선생님이 아이의 어려움을 파악하는 것은 매우 어렵거든요. 아이에 대해서 궁금한 것이 있어도 작년 담임선생님이 다른 학교로 이동하거나 휴직하는 경우에는 물어볼 곳이 없는 답답한 경우도 많습니다.

먼저 아이의 어려움을 말하고 도움을 청한다면 선생님이 1년간 학급 경영을 하는데 큰 도움이 될 거예요. 또한 가정에서 미처 몰랐던 아이의 문제행동을 선생님을 통해서 알게 된다면 꼭 전문가와 상담하는 것을 권해요. 우리 아이를 위해서는 문제행동에 하루라도 빨리 개입하는 것이 좋습니다. 병원이나 상담센터가 부담스러울 땐 학교 위^{wee} 센터를 먼저 활용하는 것도 좋은 방법입니다.

학교생활의 바로미터, 공개수업

초등학교 입학과 함께 터진 코로나로 아이의 학교에 가볼 기회가 사라졌다. 떨리던 입학식도 교문 밖에서 운동장 너머로 아이를 지켜봐야 했고, 학부모 상담도 공개수업도 모두 비대면으로 이루어졌다. 운동회나 학예회도 없어지거나 축소되어서 우리 아이의 학교생활을 눈으로 직접 확인할 수가 없었다.

별이가 학교에서 어떻게 지내는지 가서 한 번만 보면 좋겠다고 생각하길 3년. 생각보다 코로나의 여파는 오래갔다. 그동안 우리 아이는 ADHD 진단을 받고, 놀이치료와 감각통합치료, 언어치료를 병행하며, 약물복용도 시작한 상태였다. 집에서는 눈에 띄게 좋아진 별이를 보면서 내심 학교에서도 달라졌길 기대하고 있었다. 우리가 하는 모든 노력이 아이의 학교생활에 도움이 되고 있는지 눈으로 확인하고 싶었다.

4학년 학부모 공개수업일, 입학하고 처음으로 교실에서 아이의 수업을 관찰할 기회가 생겼다. 남편도 나도 휴가를 내고 별이를 보기 위해 학교를 찾았다. 수업 태도와 교우관계, 이 두 가지가 가장 궁금했다. 반 친구들이 누구인지 어떤 아이들인지 별로 관심이 없는 별이였다. 아파트 같은 라인에 사는 여자 친구 두 명이 모두 같은 반이었다는 사실을 나중에 딸을 통해서 알게 되었으니 참으로 답답한 일이었다.

4년 만에 다시 열리는 대면 공개수업이라서 그런지 학교에는 정말 많은 사람이 방문했다. 4학년쯤 되면 보통 공개수업에 부모님들이 절반 정도 오는데 이번엔 교실이 가득 차서 복도까지 넘쳐났다. 엄마와 아빠가 같이 온 경우도 많았다. 아이들의 학교생활이 궁금했던 것은 나뿐만이 아니었나 보다.

남편과 나는 40분 내내 자리를 지키고 서서 아이를 관찰했다. 일단 수업 태도는 합격! 선생님을 바라보고 허리를 곧게 펴고 앉아 있는 별이를 보니 눈물이 났다. 마지막으로 봤던 유치원 공개수업에서의 모습은 전혀 찾아볼 수 없는 의젓한 모습이었다. 물론 손으로 작은 지우개를 끊임없이 꾹꾹 누르고 있었지만 아주 작은 움직임이라 크게 눈에 띄지 않앉다. 나름 선생님 말을 경청하려고 노력하고 있는 모습이 대견했다.

공개수업은 수학, 자료를 활용하여 막대그래프를 그리고 자료를 해석하는 시간이었다. 수업은 처음부터 모둠 활동으로 진행되었다. 사전에 아이들이 각자 집에서 조사했던 내용을 바탕으로 4명의 친구가 힘을 합쳐 그래프를 그리고 발표하는 수업이었다.

먼저 모둠 친구들끼리 서로 역할을 분담했다.

"나는 그래프 선을 그릴게."

"그럼 나는 막대 안을 색칠할게."

각자 하고 싶은 역할을 이야기하는데 별이는 말이 없었다. 친구들이 의견을 나누는 모습을 가만히 보고만 있었다. 집에서는 호불호가 분명하고 뭐든 끼어들어 말하고 싶어 하는 아이지만 친구들 사이에서는 조용했다.

"별이는 그럼 그래프 아래 질문에 답을 적어."

"응."

모둠에서 친구들이 정해준 역할을 하는 것이 별이가 할 수 있는 최선인 것 같았다. 부모 마음으로는 우리 아이도 의견을 적극적으로 말하고 좋고 싫음을 표현했으면 했지만,

아직 별이에겐 어려운 일처럼 보였다. 그래도 수업을 방해하거나 친구들과 다투지 않고 모둠 활동에 협조적인 것에 감사했다.

별이는 자기가 맡은 역할을 묵묵히 했다. 드디어 별이네 모둠이 발표하는 시간이 되었다. 별이는 역시 가만히 앉아 있다가 친구들이 정해준 부분을 발표했다.

긴장한 모습이 역력했지만 여러 사람 앞에서도 예의 바르고 차분하게 발표하는 아이를 보면서 그동안의 우리 노력이 헛되지 않았구나 싶었다. 2년간 마음 졸이며 아이와 함께 고생했던 시간을 보상받는 것 같았다.

수업 시간은 개성 넘치는 아이들 덕분에 활기찼다. 부모님들 앞에서 돋보이고 싶은 아이들은 일부러 우스갯소리도 던지고 과장된 몸짓으로 웃음을 주기도 했다. 똑 부러진 아이들은 모둠 친구들을 챙기고 앞장서서 활동을 이끌어가는 모습이 눈에 띄었다. 평소 아이 친구들을 만나볼 기회가 없어서 궁금했는데 수업 시간에 보니 아이들의 특징이 눈에 쏙쏙 들어왔다.

쉬는 시간이 되자 아이들은 부모님에게 모여들었다. 신이 나서 부모님에게 자기 작품을 소개하고 친구들을 인사시키는 아이들. 와글와글한 분위기가 생기 넘쳤다. 그 와중에 우리 별이는 매우 점잖았다.

"어머니, 이것이 제 작품입니다."

갑자기 극존칭을 쓰는 별이의 모습이 낯설었다. 집에서는 아직도 아기 같은데, 학교에서 본 아이는 훌쩍 커 있었다.

쉬는 시간에 같이 어울릴 친구가 따로 없는 별이는 우리를 복도까지 따라와 배웅해 줬다. 교실이라는 공간에 아이를 놓고 나오려니 마음이 찡했다. 허허벌판에 아이만 덩그러니 남겨두는 것 같았다.

'다양한 친구들과 함께하는 학교생활이 쉽지 않은 일이겠지만, 이곳에서의 경험과 배움이 너의 삶에 영양분이 되기를 바랄게.'

 **레프샘의 팁**

부모 입장에서 자녀를 객관적으로 바라보는 것은 매우 어려워요. 일반적인 또래 아이들의 발달 과정이 어느 정도인지 볼 수 있는 가장 좋은 기회는 학교 공개수업입니다. **수업 시간을 관찰하면 아이들의 집중력, 이해력, 표현력, 의사소통 능력, 공감 능력 등 다양한 정보를 얻을 수 있습니다.** 또한 선생님 및 친구들과의 관계도 살짝 엿볼 기회가 됩니다.

여기서 중요한 것은 반 친구들과 비교해서 잘한다, 못한다를 평가하는 것이 아니라는 것!

"친구들은 다 바르게 앉아 있던데 넌 자세가 왜 그 모양이니?"

이렇게 말하면 아이가 부모님이 공개수업에 오는 것을 꺼릴 수 있어요. 또래의 발달 수준을 보면서 우리 아이에게 어떤 강점이 있는지 발견하고, 어떤 것을 부모님이 보완해 주면 좋을지를 관찰해 보세요.

교실 뒤 게시판의 아이들 작품도 눈여겨보면 좋습니다. 평소 아이들의 심리 상태가 솔직하게 드러나는 그림들, 글씨체와 생각을 엿볼 수 있는 글쓰기 작품들을 보면 집에서는 알아차리지 못했던 새로운 모습을 발견할 수도 있어요. 공부가 어렵고 발표가 자신 없는 친구들은 공개수업날 위축되거나 의기소침한 경우도 많습니다. 이런 경우 게시판에 걸린 작품을 관심 있게 보고나서 칭찬의 말 한마디를 건네면 어떨까요? 부모님의 인정을 받으면 아이들은 매우 뿌듯해합니다.

만약 아이가 눈에 띄게 문제행동을 일으킨다거나 어려워하는 부분이 있다면 수업 후 선생님과 꼭 상담해 보세요. 공개수업에서는 아이들이 부모님에게 잘 보이려는 마음에 평소보다 30% 이상의 실력을 더 발휘합니다. 이런 날인데도 문제행동을 보이는 아이라면 평소에는 훨씬 더 심할 거라고 예상해 볼 수 있어요.

"선생님, 우리 아이가 ~한 문제행동을 보이던데 평소 수업 시간에도 그럴까요? 가정에서는 어떻게 도우면 좋을까요?"

선생님에게 먼저 아이의 문제행동에 관해서 묻고 적극적인 자세를 보이면 선생님도 아이에 대한 보다 정확하고 자세한 정보를 줄 거예요.

힘든 아이일수록 선생님과 부모님의 연대가 중요합니다.

오답 노트가 불러온
감정 폭풍

수학 1단원 평가를 보고 온 별이는 잔뜩 풀이 죽어 있었다.

"아들, 시험이 어려웠어?"

"너무 헷갈려요. 뭐가 뭔지 하나도 모르겠어요. 시간이 없어서 뒷장은 손도 못 댔어요."

엄습해 오는 우울의 기운을 떨쳐내며 밝은 목소리로 대답했다.

"그럴 수 있지. 고학년 수학은 더 어려운가 보네."

그리고 받아본 시험지. 25문제 중 13문제를 맞았다. 예상했던 것보다 점수는 충격적이었지만 시험지에 열심히 계산한 흔적이 눈에 들어왔다.

"문제 푸느라 힘들었겠네. 우리 아들 열심히 했어!"

그런데 별이의 반응이 영 시원치 않다. 뭐지? 뭔가 더 있는 것인가?

"엄마, 이제부터 틀린 문제는 오답 노트를 써야 한대요."

오답 노트라니! 너무 오래전에 들어봐서 기억도 가물가물한, 고등학교 때 모의고사 보고 틀린 문제 정리했던 그런 노트 말인가? 별이는 틀린 문제가 반인데, 난감한 일이다.

"엄마, 13문제를 언제 다해요? 어떻게 푸는 건지도 모른단 말이에요. 나 어떻게 해?"

아, 틀린 문제를 다시 풀어보는 것도 쉽지 않은 일인데 일일이 오답 노트에 적어야 한다니, 이번 숙제 난이도는 최상급이다.

이런 어려운 숙제를 받아온 날이면 마음의 준비를 단단히 해야 한다. 무너져 내리는 별이의 멘탈을 받쳐줘야 한다. 저녁을 든든히 먹고 기분 좋게 시험지를 펼쳤다. 일단 시험지를 보고 틀린 문제를 그대로 노트에 옮겨 적으면 된다. 그런데 별이가 갑자기 틀린 문제를 보더니 숨을 가쁘게 내쉬면서 머리를 쥐어짰다.

"아~ 하나도 모르겠어요. 이걸 어떻게 풀라고."

시험지에 틀린 문제를 눈으로 본 것뿐인데 아이는 불에 덴 듯 고통스러워했다.

"일단 문제만 적어보자. 푸는 방법은 엄마가 알려줄게."

"문제 적기도 힘들어요. 이걸 왜 해야 해? 오답 노트 때문에 오늘도 망했어."

별이는 화가 나서 어쩔 줄을 몰랐다. 이 상태면 아이의 감정이 폭발할지도 모른다는 생각에 한발 물러났다.

"그럼, 오늘은 쉬고 내일 할까?"

"안 돼요, 오늘 해야 해요. 엄마, 도와줘요."

대혼란이 시작되었다. 새로운 일을 시작할 때, 낯선 환경에 마주할 때, 어려운 과제를 받았을 때, 별이는 머릿속이 복잡하고 터져버릴 것 같다고 했다. 무엇을 먼저 해야 하는지도 모르겠고, 왜 해야 하는지도 모르겠단다. 이 상황이 너무 두렵고 낯설어서 도망치고 싶은데 그럴 수 없어서 미칠 것 같다고 했다.

누구나 이런 상황을 마주하면 비슷할 것이다. 새로운 일이 걱정되고 떨리고, 낯설어서 당황스러운 감정. 이럴 땐 차분히 머릿속을 정리하는 단계가 필요하다. 내가 무엇을 하고 싶은지, 이것을 하려면 어떤 것부터 시작해야 하는지, 어떤 도움을 받으면 되는지. 보통은 이러한 과정이 머릿속에서 순식간에 이루어지지만 우리 별이에게는 매우 어려운 일이었다.

오답 노트를 쓰기 싫지만 숙제니까 해야 할 것 같고, 틀린 문제를 고쳐야 하지만 방법을 모르니 답답하다. 풀어야 할 문제가 많아서 시간이 오래 걸리니 빨리 시작해야 하지만, 양이 너무 많아서 부담스럽다. 이 모든 생각과 감정이 뒤엉켜 울부짖는 아이를 보고 있자니 너무나 안타깝고 속상했다. 갈림길에서 어느 쪽도 선택하지 못하고 갈팡질팡 고민만 하는 사람을 멀리서만 바라봐야 하는 기분이었다.

울고 있는 별이를 토닥이며 진정시켰다.

"오답 노트 쓰기가 어려워?"

"네. 하나도 모르겠어요."

"학교에 숙제를 해 가고 싶어?"

"네. 숙제는 꼭 해야 하는 거잖아요."

"틀린 문제가 많아서 한꺼번에 하려면 힘들 것 같은데. 우리 오늘 저녁에는 일단 한 문제만 해볼까?"

"그럼 다른 건 어떻게 해요?"

"한 문제만 써보고 너무 힘들면 선생님께 말씀드려 보자. 열심히 하려고 했는데 어려웠다고. 할 수 있는 방법을 찾아달라고 부탁드려 보자. 그러면 도와주시지 않을까?"

"정말 그럴까요? 혼날 것 같은데."

"아예 안 해 온 것보단 덜 혼나겠지."

그렇게 달래고 안심시켜 겨우 오답 노트 1번을 채웠다. 생각보다 시간이 오래 걸리지 않았다.

"이렇게 하는 거예요? 뭐 해볼 만하네."

갑자기 순한 양이 된 아이. 해보기 전에 몰려왔던 두려움과 불안이 사라지고 안도감과 자신감이 찾아오려고 한다. 이때 조심해야 한다. 엄마의 욕심에 이참에 다 해버리자고 말하면 다시 대혼란이 찾아올 수도 있다. 더 하자는 말이 입 밖으로 나오려는 것을 애써 누르면서 별이에게 물어봤다.

"한 문제 성공! 오답 노트 쓰기 하나 성공했다. 두 번째 문제는 언제 할까?"

"오늘은 그만할래요. 시간이 너무 늦었어요. 대신 내일 아침에 일어나서 해볼게요."

이 얼마나 놀라운 말인가. 주말에는 늦잠 자고 싶다며 절대 못 깨우게 하는 별이가 숙제 때문에 일찍 일어나겠다니. 믿기 힘든 별이의 말을 들으며 속으로 안도의 숨을 내쉬었다. 이렇게 또 한고비 넘어가는구나.

생각해 보면 별이는 수학이, 혹은 오답 노트가 어려운 것이 아니라 불안한 자기의 마음을 알아차리고 현실에 직면하는 것이 어려웠던 것 같다. 아이 덕분에 오늘도 나의 내공이 조금은 상승한 기분이다. 별이에게 화내고 다그치지 않은 나 자신이 대견하다.

다음 날 아침, 별이는 일찍 일어나지 못했다. 대신 아침밥 먹고 기분 좋게 오답 노트를 시작했다. 두 번째 문제를 풀고 나서, 세 번째 문제를 언제 풀지 물어봤다.
"지금 당장!"
엄청난 속도로 나머지 문제를 오답 노트에 후루룩 적었다.
"엄마, 나 생각보다 수학에 재능이 있는 것 같지 않아요?"
귀여운 말을 남기고 별이는 다시 안정을 되찾았다.

 **레프샘의 팁**

학교에서 아이들을 가르치다 보면 종종 버거운 과제 앞에서 주눅 드는 아이들을 만날 수 있어요. 여기서 버거운 과제란 자기 수준보다 턱없이 높아 혼자서 해결할 수 없는 과제를 말합니다. 또한 한 번에 해결할 수 있는 양보다 훨씬 많은 양의 과제도 버거운 과제라고 볼 수 있어요.

리코더 기본 음계 도레미파솔라시도 운지법도 잘 모르는 아이에게 복잡한 곡을 연주하라고 한다면 어떤 반응을 보일까요? 자기 수준보다 너무 높은 과제를 만난 아이들은 도전 자체를 포기하는 경우가 많아요. 이런 친구들에게는 과제를 단계별로 쪼개서 기본 음계부터 연습하고, 짧고 쉬운 곡을 익히며 손가락 연습을 충분히 하도록 도와주는 것이 좋아요. **과제 수준을 조금씩 올리면서 나도 해볼 만하겠다는 마음을 먹게 하는 것이 중요합니다.**

수학 익힘책 한 장에 나와 있는 6개의 문제를 10분 동안 빠듯하게 풀 수 있는 친구에게 두세 장을 연달아 풀어오라고 하는 것도 아이의 의지를 꺾는 일일 수 있어요. **이런 경우에는 한 장을 먼저 풀고 1차 검사를 받고, 그다음 장을 풀어서 2차 검사를 받는 식으로 진행하면 좋습니다.** 한 번에 해결해야 하는 양을 줄여서 과제집중력을 높이고 과제 해결에 대한 부담감을 줄이는 거예요.

난이도 최상급, 친구

"아들~ 오늘 하루는 어땠어?"

"나쁘지 않았어요."

"아, 다행이네. 수업은 어땠어?"

"그저 그랬어요."

"친구들이랑은 잘 놀았어?"

"……."

학교에 관해 물어보면 심드렁한 별이, 친구에 관해 물어보면 갑자기 정적이 흐른다. 우리 아이에게 친구란? 같은 반에 소속된 사람, 딱 그 이상도 이하도 아니다. 별이는 대부분 시간을 혼자서 보내기에 같이 이야기하고 장난치고 마음을 나눌만한 사람이 없다.

코로나 시절에는 가림판 안에서만 각자 생활했기에 문제

가 없었다. 자기 자리에서 교류 없이 홀로 생활하는 것을 권장하던 시기였다. 4학년 때 비로소 가림판이 치워지고 처음으로 반 아이들과 함께하는 활동이 시작되었다.

"엄마, 이번 달 자리가 별로예요. 모둠 친구들이랑 같이 활동하는 게 불편해요."

모둠 활동을 처음 해보는 별이는 친구들과 같이하는 활동을 어려워했다.

"아들, 쉬는 시간엔 뭐 하고 놀아?"

"쉬는 시간이 어딨어요. 수업 시간에 못 한 거 다 하려면 시간이 부족해요."

수업 시간에 활동을 끝마치기가 어려운 별이는 대부분의 쉬는 시간을 나머지 활동을 하는 데 사용한다고 했다.

"점심시간에는 즐겁게 보냈어?"

"밥 먹고 정리하면 점심시간 끝나요."

먹는 속도가 느린 아이라 점심시간을 꽉 채워서 밥을 먹는 것 같았다. 별이에게는 친구들과 놀 수 있는 여유가 없었다. 마무리하지 못한 활동을 보충하기에도 바빴다. 친구들에 비해 과제 완성 시간이 오래 걸리기 때문에 쉬는 시간, 점심시간에도 다 하지 못한 것들은 집으로 가져오곤 했다.

처음에는 별이가 해야 하는 활동들 때문에 친구를 사귀지 못하나 싶어서 학부모 상담 시간에 선생님에게 부탁했다.

"선생님, 아이가 약을 먹고 치료하고 있지만 여전히 활동 속도는 느린 편이에요. 과제 난이도나 양을 조금 줄여주실 수 있을까요? 꼭 해야 하는 활동들은 집으로 보내주시면 마무리하도록 돕겠습니다. 아이가 쉬는 시간이라도 친구들이랑 소통했으면 해서요."

하지만 점심시간, 쉬는 시간이 늘어나도 별이는 친구들과 함께하는 것을 즐기지 않았다. 오히려 혼자서 책 읽고 그림을 그릴 시간이 늘어났다며 좋아했다. 학부모 공개수업에 가서 별이의 쉬는 시간을 눈으로 보고 확실히 알았다. 우리 아이에게는 같이 이야기하고 놀만한 친구가 없었다. 모둠 활동은 수업 시간에 꼭 해야 하는 일이니까 친구들과 함께하지만, 쉬는 시간은 자유시간 아닌가. 모여서 이야기하고 장난치는 아이들 속에서 별이는 혼자였다.

학부모 공개수업에 다녀와서 자꾸만 혼자 있던 아이가 마음에 걸렸다. 학습이나 생활에서는 눈에 띄게 좋아진 아인데 친구들과의 관계는 여전히 진전이 없어 보였다. 의사 선생님에게 물어보니 또래 관계가 ADHD 아이들에겐 어려운 일이라고 하셨다. 상대방의 마음을 알아차리기, 상황에 알맞게 말하기, 친구의 말에 적절하게 반응하기 등 친구 관계를 유지하기 위해서는 많은 기술이 필요했다. 예전보다 어른들과 대화하고 교류하는 것은 훨씬 편해졌지만, 여전히 또래 관계는 어려운 숙제였다.

"그렇다면 우리 아이는 친구를 사귈 수 없나요?"

"아니요. 조금 느려서 그렇지, 별이도 함께할 수 있는 친구가 생기는 날이 옵니다."

우리 아이에게도 그런 날이 올까? 친구라는 단어가 이렇게 쓰라릴 줄이야.

놀이치료사님도 교우관계는 아이 누구에게나 쉽지 않은 일이라고 했다. 별이에게는 친구를 찾는 시간이 조금 더 필요하다고 말했다.

"어머니, 너무 조급하게 생각하지 마세요. 성향에 맞지 않고 관심사가 다른 아이랑 즐거운 관계가 형성될까요? 억지로 친하게 지내는 것은 아이에게도 좋지 않을 것 같아요. 아이가 원하는 일을 같이 하면서 이야기 나눌 수 있는 친구를 조금 느리더라도 찾아가면 되는 거 아닌가요?"

심리검사를 진행해 주셨던 임상심리사님은 또 다른 시각

에서 말했다.

"어머니, 꼭 친구가 필요한 건 아니에요."

"실제로 함께하는 것보다 혼자서 쉬면서 시간을 보내는 것을 좋아하는 아이들도 있어요. 별이처럼 내향형인 아이들은 친구들과 함께 있을 때 에너지가 쉽게 방전될 수 있어요. 혼자서 에너지를 채우는 시간이 필요합니다. 혼자 있는 아이를 안타까운 눈으로 보지 마시고 단단하게 잘 크고 있다고 생각해 주세요."

맞다. 언제부터인지 아이를 내 기준에서 아이를 바라보고 있었다. 우리 아이는 낯선 공간에서 여러 사람과 같이 어울리는 것보다 혼자 편안하게 휴식할 수 있는 시간을 좋아한다. 충분히 쉬어야 채워지는 아이이다. 주변에서 괴롭히는 아이만 없다면 학교에서 혼자 보내는 쉬는 시간, 점심시간은 나름 행복한 충전의 시간일지도 모른다.

 레프샘의 팁

『우리 아이가 ADHD라고요?』를 읽다가 저에게 꼭 필요한 문장을 발견했어요.

"이제 부모는 아이를 바라보는 시선을 바꿔야 합니다. 아이가 외롭고 쓸쓸해 보이는 건 우리가 그렇게 보기 때문입니다. 아이는 혼자가 편할 때도 있습니다."

매일 오늘은 누구랑 놀았어? 요즘 누구랑 친해? 라고 물어보는 엄마의 질문이 오히려 아이를 힘들게 했다는 것을 깨달았습니다. 혼자 있는 시간이 외롭다고 생각했던 것은 엄마의 착각이었어요. 이제는 조급함을 내려놓고 아이의 시선으로 그의 삶을 바라보려고 노력합니다. 혼자만의 시간을 즐기는 것을 존중하며 느긋한 마음으로 아이의 성장을 지켜보려 해요.

공부는 어려워

매일 아침 학교에 오면 아이들이 가장 먼저 확인하는 건 오늘의 시간표. 책상 서랍에 오늘 배울 수업의 교과서들을 차곡차곡 정리하며 하루를 준비한다. 준비해야 하는 교과서가 적을수록 아이들은 신이 난다. 책 대신 다른 수업 자료를 많이 활용하는 체육, 미술, 창체(창의적 체험 활동) 시간이 아이들에게 인기가 많다. 그러면 아이들이 가장 싫어하는 시간은? 바로 국어와 수학. 교육과정에서 차지하는 수업 시간도 가장 많고, 실제로 가르칠 내용도 많다.

"선생님, 왜 국어 수업은 매일 해요?"

"아, 오늘도 수학이 있어요?"

볼멘소리하는 아이들에게 나는 초등 교육과정을 들먹이며 국어, 수학 시간이 많을 수밖에 없는 이유를 이야기해 준다.

"초등학교에서 공부를 잘하고 싶으면 잘 읽고, 잘 쓰고, 잘 풀어야 해. 수많은 교과서와 학습자료를 읽고 이해하는 능력, 자기 생각을 체계적으로 정리해서 쓰고 말하는 능력, 다양한 문제를 논리적으로 해결하는 능력이 핵심이야. 교육과정이 매번 바뀌어도 읽고 쓰고 셈하는 것이 학습의 기본이라서 국어, 수학 수업이 중요한 거야."

학교에서는 주요 과목의 중요성을 강조하며 아이들의 불만을 잠재우는 단호한 선생님이지만 집에서는 어쩔 수 없이 우리 아이의 편이 된다.

"엄마, 도대체 국어, 수학은 왜 배우는 거예요?"

"그러게, 어제도 했는데 오늘 또 한 거야? 정말 너무하네."

"오늘도 해야 할 숙제가 산더미란 말이에요."

"우리 아들 힘들겠다. 내일은 하루 종일 미술만 했으면 좋겠네."

학교에서 못다 한 활동들을 숙제로 가득 들고 오는 아이의 마음이 얼마나 무거울까? 별이의 마음이 편안해야 나의 저녁 시간도 편안하기에, 이루어지기 힘든 걸 알면서도 내일은 부디 국어, 수학 수업을 안 하기를 기도했다.

국어 시간에 문제가 되는 활동은 주로 쓰기였다. 듣기, 말하기, 읽기까지는 수업 시간에 잘하든 못하든 마무리가 되기 때문에 괜찮지만 쓰기는 다르다. 아이가 제대로 학습을 이해했는지, 활동에 집중해서 참여했는지가 한눈에 보인다. 별이는 무엇을 써야 하는지 고민하다가 시간을 다 써버려 텅 빈 국어 교과서를 들고 오는 날이 많았다. 가끔 쓸 말이 생각나서 글을 써온 날도 글씨 쓰는 속도가 느려서 마무리를 못 하고 가져오는 날도 있었다.

수학 시간을 힘들게 하는 범인은 수학 익힘책. 매번 깨끗한 수학 익힘책을 가져오는 별이는 문제 푸는 방법을 모르겠다고 했다.

"아들, 수학이 어려워?"

"네, 선생님 설명이 들렸다 안 들렸다 해요."

별이는 선생님의 설명에 온전히 집중하지 못하는 눈치였다. 문제를 푸는 방법을 모르니 당연히 수학 익힘책에 손을 댈 수 없었다. 자꾸만 떨어지는 수학 성적을 걱정하신 담임 선생님은 방과 후 보충수업을 권했지만, 별이는 완강히 거부했다. 학교 수업 시간이 끝나기만을 바랐는데 방과 후에 남는 건 싫다는 이유였다. 수업 시간에 조금이라도 알아듣기 쉽게 방학 때마다 수학 문제집을 풀면서 한 학기 내용을 미리 공부하고 갔지만 별 효과가 없었다. 별이는 연산 단원을 특히 어려워했다. 점점 커지는 자릿수 때문에 계산하면서 덧셈, 뺄셈에서 실수하는 일이 많았고, 곱셈과 나눗셈 계산 순서를 자주 헷갈렸다.

매일 저녁, 아이의 숙제를 같이 해결하며 별이와 나의 갈등은 심해졌다. 피곤한 나는 빨리 숙제를 도와주고 쉬고 싶었고, 별이는 엄마에게 숙제하기 싫은 마음을 위로받고 싶어 했다. 우리의 고민을 해결해 준 건 병원 교수님이었다.

"어머니, 왜 모든 걸 혼자 다 하려고 하세요? 아이와 공부 문제로 부딪친다면 적당한 선생님을 찾아보세요. 어머니께선 아이의 정서적인 면을 챙겨주시고 학습적인 부분은 외부에 맡겨보시는 것도 좋을 것 같습니다."

그동안 막연히 '학원은 아이한테 무리야, 공부는 내가 가르쳐주면 되지.'라고 생각했는데 교수님의 말을 들으며 내가 너무 부담을 끌어안고 있었다는 걸 깨달았다. 나는 별이의 엄마지, 선생님은 아니다. 엄마로서 내가 할 수 있는 것들에 충실하기로 했다.

별이의 글쓰기 문제는 담임선생님이 해결해 줬다. 별이 반에서는 매 수업 시간마다 배움 공책을 쓰는 활동을 했다. 수업 내용 중 중요한 내용을 정리하고 생각이나 느낌을 짧게 적었다. 생각하고 쓰는 데 시간이 오래 걸리는 별이에겐 쉽지 않은 활동이었다. 미처 쓰지 못한 배움 공책을 남아서 쓰고 오느라 늦게 하교하는 날도 있었다. 선생님이 별이가 나머지 활동을 하느라 조금 늦게 하교한다고 연락하는 날이면 감사하다고 말했다.

꼼꼼한 선생님 덕분에 별이는 꾸준히 배움 공책을 쓰며 글씨를 쓰는 속도도 빨라지고 생각을 정리하는 기술도 늘었다. 가끔 배움 공책을 잘 쓴 날이면 선생님의 폭풍 칭찬을 받을 수 있었다. 글쓰기가 지루하고 귀찮았던 별이는 선생님의 격려 덕분에 쓰는 즐거움을 깨달았다.

수학은 학원 선생님의 도움을 받았다. 절대 수학 학원은 다니지 않겠다던 별이가 교수님의 이야기를 듣고 와서는 수학 선생님을 알아봐달라고 했다. 선생님의 조건은 딱 하나였다. 별이의 어려움을 이해하고 유연하게 대처해주는 것. 다행히 학교 근처 학원에 적당한 선생님이 있었다. 대형 학원이 아니라서 별이의 속도와 특성에 맞게 수업 시간과 학습량을 조절할 수 있었다. 덕분에 별이는 이제 수학 익힘책에 나온 문제는 풀 수 있는 정도의 실력을 갖췄다. 가끔 시간이 부족해서 못 풀고 집에 가져오는 날도 있지만, 문제 푸는 방법을 알기에 전보다 훨씬 수월했다.

아이에게 공부를 가르쳐야 한다는 부담을 내려놓으니 별이와의 저녁이 한결 따뜻해졌다.

선생님 역할은 퇴근하며 내려놓자. 집에서는 엄마 역할에만 충실하자!

 **레프샘의 팁**

아이가 학년이 올라갈수록 생활문제에 가려서 보이지 않았던 학습 관련 문제들이 보이기 시작해요. 이해력이 좋고 문제해결력이 뛰어난 아이들도 집중력이 부족하고 산만하면 선생님의 설명을 놓치고 실수하는 경우가 많습니다. 특히 연산이나 글쓰기에서 어려움을 보여요.

저학년 때는 학습량이 많지 않기 때문에 부족한 부분을 집에서도 쉽게 보충해 줄 수 있지만, 고학년의 경우에는 학습량도 많고 내용도 어려워지기 때문에 집에서 챙겨주기 힘든 부분이 많습니다.

이런 경우엔 아이의 학습을 도와줄 학원이나 선생님을 찾아보는 것이 좋습니다. 엄마의 에너지를 아이와 긍정적 상호작용에 쓸 수 있도록 학습 도움은 다른 사람에게 위임하는 것도 현명한 방법!

나도 인정받고 싶어요

별이가 가장 싫어하는 공간은 학교이다.

"엄마는 도대체 왜 선생님을 직업으로 선택한 거야?"

"아들, 엄마가 선생님인데 학교가 싫어?"

근무하는 학교에 데려가 교실 구경을 시켜주며 좋은 이미지를 심어주려고도 해봤지만, 번번이 실패했다. 교실에서는 별이가 지적받을 일이 넘쳤다. 시간에 맞춰 등교하기, 자기 물건 정리하기, 수업 시간에 선생님에게 집중하기, 친구들 말을 경청하기 등 하고 싶지만 하기 힘든 일들의 연속이었다. 열심히 노력해도 칭찬받고 인정받기 힘든 곳, 자기 마음대로 할 수 있는 건 없고 온통 해야 할 일만 가득한 학교가 답답하다고 했다.

학교에 가지 않는 것이 가장 큰 소원이었던 별이에게 작은 변화가 시작됐다. 새로운 학년 열정 가득한 담임선생님을 만났다. 선생님은 매번 새로운 것들을 시도하며 수업을 재밌게 이끌어갔다. 지금까지 학교생활은 아무리 물어봐도 말해주지 않던 아이가 먼저 와서 교실 이야기를 들려줬다.

"엄마, 우리 반은 무지개 반이에요. 사람은 모두 각자 다른 장점을 가지고 있대요. 그래서 저만의 빛깔로 빛나고 있는 거래요."

"저 그림에 소질이 있는 것 같아요. 선생님께서 제가 그린 그림을 알아봐 주셨어요."

"이번에 시를 한번 써볼까요? 국어 시간에 글 쓰기 싫은 솔직한 마음을 시로 썼는데 선생님께서 기발한 아이디어라고 칭찬해 주셨어요."

모두가 잘하는 것이 있다고 인정해 주는 선생님의 말이 별이 마음에 와닿은 것 같았다. 별이가 가장 목말랐던 인정과 칭찬, 그동안 교실에서 듣지 못했던 말들을 들으니 학교 가기 싫다는 말이 쏙 들어갔다.

새 학년 첫 주를 기분 좋게 보낸 별이가 종이 한 장을 들고 왔다. 학급회장 후보 소개를 적는 종이였다. 학급회장 선거에 출마하고 싶으면 소개하는 글을 적어 가야 한다고 했다.

"아들도 회장 선거에 나가고 싶은 거야?"

"회장은 무리고, 부회장은 해보고 싶어요. 학급을 위해서 봉사할 수 있을 것 같아요."

"와, 그런 생각을 했다니 우리 아들 정말 대견하다!"

단 한 번도 학급 임원에 관심이 없던 아이였다. 자기 반 회장이 누군지도 모르고, 잔소리하고 참견한다고 매우 귀찮아했다. 그런 아이가 부회장이 해보고 싶다니! 정말 살다 보니 별일이 다 생긴다. 회장이든 부회장이든 해보고 싶다는 생각이 들었다는 것이 기특했다.

저녁 내내 후보 소개를 어떻게 할지 고민만 하던 별이는 종이에 한 글자도 못 적었다. 주말 내내 종이를 끌어안고 끙끙거리는 아이가 안쓰러웠다.

"아들, 엄마가 좀 도와줄까?"

"아니요, 제가 혼자 하고 싶단 말이에요. 제가 지킬 수 있는 공약이 뭔지 고민 중이에요."

잠잘 시간이 가까워질수록 초조한 마음에 별이는 어쩔 줄 몰라 했다. 차라리 저 종이를 안 가져왔으면 좋으련만. 도전

하려는 마음은 너무 대견한데 아직 이 정도 부담감을 이겨 낼 만한 마음 근육이 없는 것 같아서 안쓰러웠다. 별이는 선거 전날 밤이 돼서야 겨우 후보 소개 내용을 채울 수 있었다.

"엄마, 제가 잘할 수 있는 것은 청소인 것 같아요. 선생님이 요즘 제 덕분에 교실이 깨끗해졌다고 하셨어요. 저는 청소를 열심히 하는 부회장이 되겠다고 말할래요."

그리고 다음 날, 별이는 열심히 쓴 후보 소개 종이를 가지고 등교했다. 아이가 큰 산 하나를 넘은 것 같아서 뿌듯했다.

그날 저녁, 별이는 아무 말도 없었다. 선거 결과가 궁금해서 살짝 말을 건넸다.

"아들, 회장 선거는 무사히 끝났니?"

"네, 재밌는 일이 있었어요."

"무슨 일이 있었는데?"

"개표하는데 저랑 동점이 나온 친구가 있어서 재투표를 했어요."

"와 떨렸겠다."

"친구들이 제가 청소를 열심히 하겠다는 말을 좋아해 줬어요."

"아, 그러면 네가 당선된 거야?"

"네~ 청소 열심히 하는 부회장이 되기로 했어요."

별이의 부회장 생활은 청소로 시작해서 청소로 끝났다.

"아들, 요즘 부회장은 할 만해?"

"네, 점심시간에 청소만 열심히 하고 있어요."

반에서는 부회장 역할이 그리 크지 않은 것 같았다. 별이에게는 청소만 열심히 하면 인정받는 부회장이 더 편했을지도 모른다. 방학을 앞두고, 선생님에게 전화가 왔다.

"어머니, 오늘 제가 아이들한테 감동을 받아서 전화드렸어요. 점심시간에 별이가 무릎이 하얗게 되도록 청소하는 모습이 예뻐서 반 친구들에게 제안했거든요. '별이가 오늘 혼자서 교실을 깨끗이 청소했는데 선생님이 감동해서 쿠폰을 하나 주고 싶어. 너희 생각은 어때?' 그랬더니 아이들이 하나로는 부족하며 두 개를 줘야 한다고 말하더라고요. 아이들이 서로 인정하고 칭찬하는 모습에 감동받았어요. 별이 덕분에 다 같이 감사한 오후를 보냈네요."

선생님의 말을 듣는 내내 눈물이 흘렀다. 점심시간에 혼자서 청소를 한 별이의 마음이 예뻐서 한 방울, 그런 별이를 지켜봐 주고 인정해 준 선생님의 마음에 감사해서 한 방울, 별이의 선행을 진심으로 기뻐해 주고 지지해 주는 친구들에게 고마워서 한 방울.

　별이의 청소 부회장은 한 학기로 끝이 났지만 나도 할 수 있다는 자신감, 공부나 운동이 아니더라도 인정받을 수 있다는 사실을 깨달았던 고마운 경험이었다.

 레프샘의 팁

교실에서는 가만히 앉아 있는 것도 힘들어하고 문제만 일으키던 아이가 체육 시간만 되면 날아다니는 모습을 종종 볼 수 있어요. 또, 목소리가 작고 친구들과 어울리는 것을 어려워해서 조용히 앉아만 있던 아이가 미술 시간에 아름다운 작품을 선보이기도 하죠. 말과 행동이 거칠어 친구들이 불편해했던 아이가 엄청난 춤 실력을 뽐내며 인기를 한 몸에 받기도 합니다.

모든 아이가 가지고 있는 재능은 다르지만, 아이들은 다른 사람들이 그것을 알아봐 주기를 바랍니다. **주변 친구들에게 인정받고 스스로 유능감을 느끼는 그때가 바로 성장의 순간이에요.** 아이들을 한 가지 잣대로만 비교하고 평가하기보다 재능을 펼칠 수 있는 영역을 찾아주는 것이 우리 어른들이 도와주어야 할 일이에요.

4장
도움

ADHD 치료가 망설여지나요?

ADHD 약을
꼭 먹어야 하나요

    ADHD 의심 진단을 받고 6개월간 놀이치료와 감각통합치료를 받으면서 별이에게 많은 변화가 있었다. 화도 줄고 한층 밝아진 모습으로 3학년을 준비했다. 집에서 같이 공부하고 수영 강습도 받으며 노력하는 모습에 학교도 잘 다닐 수 있을 거라 기대했다.

    하지만 별이의 3월은 순조롭지 않았다. 부푼 꿈을 안고 시작한 새 학년이었지만 1학년에 입학하는 둘째에게 신경을 거의 써주지 못할 만큼 학교생활을 힘들어하는 별이였다.

    "선생님이 나랑 안 맞아요." "친구들이 이상해요." 투덜대는 별이를 보면 학교가 그리 순탄치 않은 것 같았다. 자세히 좀 말해주면 좋으련만 무슨 일 있었냐고 물어보면 입을 닫아버리는 아이. 너무 답답하고 궁금했다. 교실에 가서 한 번만 아이 상태를 보면 좋겠다 싶었다. 코로나로 1학년 입학식부터 교문 안으로 들어가 보지 못했던 부모 처지에는 공개수업이 그렇게 아쉬울 수가 없었다.

"엄마, 내가 급식실에서 봤는데 오빠네 선생님은 언니, 오빠들한테 인기가 많아요."

"엄마, 학원에 오빠랑 같은 반 언니가 있는데 오빠가 엄청 말썽꾸러기래요."

그나마 가끔 동생이 여기저기서 듣고 본 소식들을 전해주었다. 그 이야기가 사실인지 확인은 안 되지만 좋은 이야기들은 아니었다.

3월에 힘들어하는 아이를 보면서 학부모 상담 기간에 전화 상담을 신청했다.

"선생님. 저희 아이가 학교생활을 많이 어려워하는 것 같아서 상담을 신청했습니다. 집에서는 이야기를 제대로 해주질 않아서요."

"별이 학교생활 잘하고 있습니다. 과제를 수행하는 속도가 느리긴 해도 괜찮습니다."

"혹시 집에서 제가 도와주거나 신경을 써줘야 할 부분이 있을까요?"

"아직은 없습니다. 제가 필요한 일이 생기면 말씀드리겠습니다."

작년 선생님과는 또 다른 스타일의 선생님이었다. 별이가 잘 지낸다고 말하는 선생님에게 우리 아이의 어려움을 말해야 하나 말아야 하나 계속 고민하다가 혹시나 하는 마음에 입을 열었다.

"선생님, 별이가 작년에 주의집중력과 정서문제로 ADHD 의심 진단을 받고 6개월 정도 놀이치료와 감각통합치료를 받으며 상담을 받았습니다. 혹시라도 학교 수업에 지장을 주거나 친구들과의 관계를 힘들어하면 말씀해 주세요."

"아, 그랬군요. 전혀 몰랐습니다. 별이가 치료받을 정도는 아니라고 생각하는데, 아주 힘들었나 보네요. 학교에서 잘 살펴보겠습니다."

다행이다 싶었다. 치료 사실을 알렸는데도 괜찮다고 그 정도는 아니라는 선생님의 말에 안심했다. 하지만 아이의 학교 생활은 점점 힘들어졌다. 별이의 주요 고민은 친구. 이사와 코로나 시기 탓에 아는 사람 하나 없이 가족들이랑만 지내다가 처음으로 사귀어 본 친구들이었다. 처음에는 친구를 집에 데려오기도 하고 친구를 따라 놀러 가기도 했다. 방과 후에 같이 놀기로 했다며 신이 난 모습을 보고 드디어 우리 아이도 친구가 생긴 것이 기뻤다.

그런데 친구들의 짓궂은 장난에 적절히 대처하지 못하고 집에 와서 속상해하는 일이 반복되었다. 어느새 친한 친구라고 이야기했던 아이들이 가장 싫어하는 친구가 되었다. 그 친구들과 부딪치는 것이 힘들어서 점심시간에 운동장에 나가 노는 것을 꺼리고 방과 후에도 친구들을 피해서 학원을 갔다.

친구 말고도 별이의 학교생활을 가늠해 볼 수 있었던 것은 가방이었다. 정리되지 않은 가방 속엔 온종일 다 못한 학습지들이 가득 들어있었다.

"아들, 선생님이 신청서 주신 거 어디 있어?"

"몰라요. 그런 거 안 받은 것 같아요."

교실에서의 전달사항을 전혀 듣지 못하는 눈치였다. 가방을 뒤져 구겨진 학습지 속에서 중요한 가정통신문들을 발견하곤 했다. 이대로는 안 되겠다 싶어서 중단했던 놀이치료를 다시 시작했다. 남편은 계속 회의적이었다.

"원래 남자애들은 다 이러면서 크는 거야."

"담임선생님이 남자 선생님이라서 그런 거 아니야?"

하지만 교실에서 ADHD 아이 2명과 생활하고 있던 나는 두려웠다. 우리 아이도 교실에서 우리 반 친구들처럼 힘들까 봐 걱정됐다.

놀이치료를 다시 시작하면서 별이는 심리적으로 안정을 되찾았지만, 학교생활은 3월과 크게 달라지지 않았다. 여름방학을 앞두고 놀이치료사님이 약물치료를 권했다.

"어머니, 별이가 심리적으로 많이 안정됐어요. 그래도 산만함과 불안함은 여전히 남아있는 것 같아요. 놀이치료 받으면서 약을 먹으면 훨씬 경과가 좋은 경우가 많은데, 한번 시도해 보시면 어떨까요?"

정말 듣고 싶지 않은 말이었다. 약을 먹는다는 것은 우리 아이에게 장애가 있다는 것을 인정하는 것 같아서 피하고 싶었다. 처음에 의사 선생님이 말한 대로 6개월간 치료를 받고 좋아지면 약을 먹지 않아도 된다는 말만 믿고 있었는데, 엄마의 욕심이었나보다.

"제가 가르치는 아이 중에도 약을 복용하는 친구들이 있는데 문제행동이 크게 개선되는 것 같지는 않아서요. 약을 꼭 먹어야 하나요?"

"어머니, 아이마다 약에 대한 반응이 달라요. 우리 아이가 약을 먹고 더 좋아질 수도 있는 거잖아요. 해봐야 알 수 있는 거예요. 먹어보고 부작용이 있으면 그때 가서 복용을 멈추는 것을 고민해 봐도 되지 않을까요?"

약 복용이란 말에 충격을 받고 그 여름엔 별이를 언어센터와 특수체육센터까지 데리고 다니며 열심히 치료했다. 내가 노력하면 좋아질 거라고 기대했다. 혼자 ADHD 관련 책을 잔뜩 사서 읽으며 약물치료 없이도 해결된 사례들을 찾아보고 약물치료의 부작용을 찾느라 밤을 지새웠다.

그렇게 약물치료를 망설이던 엄마를 움직이게 한 것은 결국 아이였다. 비가 시원하게 내리는 어느 오후, 별이는 학원에 갔다가 쫄딱 젖어서 돌아왔다.

"우리 아들 비 오는데 학원 다녀오느라 수고했어. 신발주머니가 다 젖었네. 좀 말릴까?"

신발주머니 안을 봤는데 실내화 한 짝이 없었다.

"어, 실내화가 한 짝만 있네."

그 말이 방아쇠였다. 평온하던 별이가 갑자기 악을 쓰며 소리쳤다.

"아! 이게 다 학교 때문이야! 학교만 안 갔어도 실내화를 잃어버리지 않는데, 언제 또 찾으러 가냐고!"

집이 떠내려갈 듯 소리치며 우는 아이를 보고 나도 옆에 있던 딸 아이도 너무 놀라서 말을 잃었다. 종종 화를 내고 울긴 했어도 이 정도는 아니었다. 신발이나 실내화를 잃어버린 것도 처음은 아니었다. 몇 번 나랑 남편이 찾으러 간 적도 있고 별이가 혼자 찾으러 간 적도 있었다. 그런데 하필 비 오는 날 실내화가 또 없어졌다는 사실에 폭발한 것이다.

"지금 찾으러 가지 않아도 돼. 엄마가 찾아다 줄게."

"괜찮아. 새로 하나 사자."

어떤 말도 별이의 귀에 들리지 않는 것 같았다. 온 동네가 다 들릴 정도로 서럽게 울었다. 울음 속에서 거침없는 분노가 그대로 느껴져서 두려웠다. 힘들어하는 아이를 무기력하게 지켜보며 우리 모두를 위해서 약 복용이 필요할 것 같다는 생각이 밀려왔다.

 레프샘의 팁

놀이치료, 인지행동치료, 뉴로피드백Neurofeedback(뇌파 훈련), 약물치료 등 ADHD 치료 방법은 정말 다양합니다. 아이의 증상에 따라서 그에 알맞은 치료법도 다르죠. 보통 ADHD라면 약을 꼭 먹어야 한다고 알고 있지만 그렇지만은 않다고 해요.

『ADHD 우리아이 어떻게 키워야 할까』에서는 증상이 가벼운 경우나 아이가 어린 경우 약물치료를 권하지 않는다고 합니다. 약은 꼭 필요한 아이에게만 의사의 처방에 따라 사용하는 것이라고 해요. **그러니 '약은 절대 안 돼!'라고 거부하기보다는 우리 아이의 성장 발달에 도움이 된다면 약물치료도 시도해 볼 수 있다고 생각하면 좋겠습니다.**

약에 대한 막연한 두려움과 거부감 때문에 아이가 긍정적인 사회작용을 할 수 있는 기회를 놓치지 않도록 해주세요. 저도 조금만 더 빨리 용기를 내볼걸, 전문가의 말을 귀담아들을 걸 하고 아쉬웠답니다.

받아들임에도
시간이 필요합니다

ADHD 약 복용을 결심하고 어떤 병원에 가야 할지 고민했다. 놀이치료사님은 집에서 멀지 않은 곳에 있는 동네에서 유명한 지역병원(집 근처 병원)을 추천했다. 의사 선생님 경력이 많고 친절해서 엄마들 만족도가 높다고 했다.

그런데 난 그 순간에도 꼭 약을 먹여야만 하는지, 다른 방법은 없는 것인지 고민에 빠져있었다. 차라리 학교에서 다른 아이나 선생님을 방해해서 약을 먹어야 하는 거라면 선택하기가 쉬웠을까? 부모로서의 역량이 부족해서, 내가 아이를 감당할 수 없어서 약을 먹이는 쉬운 선택을 하는 것 같다는 생각이 자꾸 들었다.

남편은 오히려 덤덤했다.

"필요하다면 빨리 시작하는 게 낫지."

처음에 병원에서 ADHD가 의심된다는 진단을 받았을 때는 의사가 이상하다, 검사 결과를 신뢰할 수 없다며 화를 냈던 남편이었다. 아이가 조금 느린 것을 가지고 아픈 아이 취급을 한다며 놀이치료에도 회의적이었다. 1년 정도 상담치료를 진행하면서 조금씩 달라지는 별이를 보며 남편은 한 발 뒤로 물러났다. 아이의 치료에 도움이 되는 거라면 뭐든 받아들이겠다고 했다.

나에게는 권위 있는 사람의 한마디가 필요했다. ADHD 치료로 유명하다는 교수님을 찾아서 대학병원 예약을 시도했지만 이미 3~4년 치 예약이 마감되어 있었다. 이렇게 힘든 아이들이 많았나? 아니면 다들 나처럼 이름 있는 사람을 찾아서 대학병원에 오는 것인가? 하는 수 없이 작년에 놀이치료를 시작하면서 대기를 넣어둔 대학병원 진료를 기다리기로 했다. 진료는 내년 2월 예정. 새 학년에 올라가기 전에 검사도 받고 약물치료를 논의해 보고 싶었는데 너무 멀게 느껴졌다.

그때 갑작스럽게 기회가 찾아왔다. 대학병원의 이름난 교수님의 진료 예약취소 자리에 운 좋게 들어간 것! 진료는 바로 다음 주 월요일 아침이었다. 나의 간절한 바람이 하늘에

닿았던 것일까? 남편과 급히 휴가를 내고 찾아간 병원엔 사람이 가득했다. 답답해하는 아이를 데리고 병원 밖 산책을 했다. 그렇게 예약 시간보다 1시간을 더 기다린 후에야 교수님을 만나볼 수 있었다.

교수님은 TV에서 볼 때보다 더 부드럽고 다정했다.

"별 군, 학교생활은 어떤가요? 별 군은 어떤 과목을 좋아해요?"

말 한마디, 눈빛 하나에도 우리 아이를 하나의 인격체로 존중하는 것이 느껴졌다. 아이도 그런 교수님 앞이라 그런지 더 점잖게 격식을 갖추어 대답했다. 별이는 딱딱하고 어색한 로봇 같은 말투였지만 예의를 지켜 대화했다. 자신을 존중하는 교수님의 태도 때문인지 아이는 병원을 꽤 마음에 들어 했다.

"엄마, ○○대학이면 공부를 정말 잘해야 하지 않아? 교수님 대단하시다."

"그렇지? 엄청 유명하신 분이야. TV에도 나오셨어."

병원에서는 일단 여러 검사를 진행하고 다시 만나자고 했다. 문제는 대학병원은 검사도 몇 달씩 기다려야 한다는 것. 나는 아이가 빨리 검사를 받았으면 했다. 약을 먹어야 할지도 모른다면 3월 전에 시작하고 싶었다. 다행히 대학병원에 연계된 지역병원에서 겨울방학 동안 검사를 받을 수 있었다. 1년 반 만에 실시하는 검사. 이번엔 약을 먹으라고 할지도 모른다고 생각하니 더 초조했다. 하지만 아이는 전보다 훨씬 안정적이었다. 검사를 기다리는 시간도 편안해 보이고. 긴 문장완성검사도 화를 내지 않고 차분하게 써 내려갔다. 아이에게도 변화가 있긴 했다.

보통 검사 소요시간이 2시간이라는데 별이가 검사에 사용한 시간은 3시간. 1년 반 동안 열심히 치료받았으니 조금은 나아졌을 거라고 기대했지만, 결과는 처음과 크게 다르지 않았다. 결과를 받고도 혹시나 하는 마음에 교수님과의 진료를 기다렸다. 두 달 가까이 기다린 다음에 만난 교수님은 아이를 따뜻하게 반겼다.

"별 군 오랜만이에요. 방학은 잘 보내고 있죠?"

"네, 뭐 그렇죠."

"결과를 보니까 별 군이 그동안 상담받으면서 열심히 노력했다는 것이 느껴져요. 아주 잘하고 있어요. 선생님 생각엔 별 군이 상담받으면서 이 약을 먹으면 학교랑 집에서 좀 더 편안하게 생활할 수 있을 것 같아요. 수업 시간에 집중도 잘

되고 공부하기도 좀 쉬워질 거예요. 아주 적은 용량부터 시작할 거라서 몸에서 느끼는 불편감은 거의 없을 거예요. 약 열심히 먹으면서 별 군 생활에 좋아지는 점들이 있는지 찾아보고 다음에 만날 때 다시 이야기하도록 해요."

아, 결국 약 복용을 권유하는구나. 벌써 1년 넘게 혼자서 몇 번이나 상상했던 장면인데 담담하게 받아들이기가 쉽지 않았다. 그래도 아이가 옆에 있으니 감정을 추슬러야 했다.

교수님은 아이에게 ADHD라는 말을 사용하지 않았다. 하지만 아이의 현재 상태를 이야기하며 약에 대한 설명, 치료 과정, 기대하는 효과에 대해서 자세하게 설명했다. 아이는 교수님이 해주는 말을 진지하게 경청했다. 덕분에 별이는 이 약이 나에게 어떤 도움을 주는지 정확히 알게 되었고, 약을 먹으면서 나타날 효과를 즐거운 마음으로 기대했다.

"엄마, 저 약 잘 챙겨 먹을게요. 집중이 잘 되면 학교 다니기가 좀 쉬워질 것 같아요."

약에 대한 긍정적 시각과 기대효과. 나도 아이도 교수님의 정확하고 친절한 설명으로 ADHD 약을 먹는 것이 우리 아이에게 도움이 된다는 것을 받아들이게 되었다.

 **레프샘의 팁**

ADHD 진단을 받고 무너져 내렸던 마음, 약 복용을 권유받고 타들어 갔던 마음을 다독여준 고마운 책이 있어요. 『흔들리지 않고 ADHD 아이 키우기』에서 발견한 따뜻한 위로의 말을 여러분과 나누고 싶습니다.

내 자녀가 ADHD라는 사실.
충분히 아파하자.
그리고 그 아픔을 위로해줄 사람을 만나자.
애도의 시간은 사람마다 다르다. 각자 합당한 시간이 충분히 필요하다.

부모로서 아이의 아픔에 대해 충분히 아파하고 받아들이기 위한 시간이 있었기에 치료를 시작하고 꾸준히 이어갈 수 있었습니다. 혹시라도 아이의 ADHD 진단으로 힘들어하고 있다면 충분히 애도할 시간을 갖기를 바랄게요. 이 아픔 또한 지나갈 거예요.

ADHD 약
부작용과 효과

새 학기를 준비하는 2월. 드디어 별이도 약 복용을 시작했다. 처음 2주는 아주 적은 용량으로 적응하는 단계였다. 의사 선생님은 거의 변화가 없을 거라 했지만 아이는 매우 민감하게 반응했다.

"엄마 속이 메스꺼워요. 이 약 먹으면 기분이 별로예요."

별이는 약을 먹고 난 몸의 변화와 기분을 말로 끊임없이 표현했다. 아주 저용량이라 거의 느끼지 못할 거라고 했는데 약을 먹고 나면 이상한 느낌이 든다는 아이의 말에 겁이 났다.

'약이 정말 무서운 거구나. 이 약을 먹으면 집중이 잘 되고 화도 덜 나서 아이가 편해질 거라고만 생각했는데, 그게 아니었나?'

2주 후 용량을 늘리고 나서는 별이의 감정 변화가 더 두드

러졌다. 전에는 숙제가 있는 날이면 귀찮다고 화를 냈던 아이였는데 이제는 이 많은 숙제를 어떻게 하냐며 갑자기 눈물을 터뜨렸다. 이 상황에서 눈물이 나오다니, 감정조절이 다른 의미로 어려워진 것 같았다. 아이의 오랜 친구였던 버럭이 대신 슬픔이가 찾아온 것 같았다.

그리고 속이 종종 뒤집힌다는 것. 매일 그런 것은 아니었지만 멀미하는 것처럼 속이 울렁거린다는 날도 있었고, 가끔은 먹은 것을 다 토해내기도 했다. 밥을 먹고 약을 먹어도 마찬가지였다. 아직은 적응 단계라서 그런 거겠지, 곧 괜찮아질 거라 되뇌면서 마음을 다잡았다. 가장 힘들었던 부작용은 잠이었다. 원래도 잠들기 힘들어했던 아이가 저녁에 약을 먹기 시작하면서 누워서 잠들지 못하고 자정까지 뒤척이며 힘들어했다.

다행히 이런 부작용들은 교수님과의 상담을 통해 해결할 수 있었다. 속이 메스껍고 토하는 증상은 약을 아침, 저녁으로 나눠서 먹는 것으로 해결했다. 수면 문제는 밤에 저용량 약을 먹고 아침에 고용량 약을 먹는 것으로 조절했다. 교수님은 아이마다 약에 반응하는 정도가 다른데 때론 각성작용을 일으켜 잠드는 것을 방해할 수도 있다고 했다. 약 먹는 횟

수와 용량을 조절하고 나니 다행히 잠을 편안하게 잘 수 있었다.

약의 부작용은 여기까지이다. 감사하게도 별이에게는 다른 부작용들은 없었다. 그럼 약을 먹고 좋아진 점은 무엇일까? 가장 눈에 띄게 좋아진 것은 '듣는 귀가 트였다.'라는 점이다.

"아들, 밥 먹어, 양치해야지, 옷 입어."

백번을 말해도 듣는 척도 안 했던 아이였다. 학교에서도 선생님이 안내해 주는 사항을 못 들어서 곤란한 상황이 자주 있었다. 그랬던 아이가 가정통신문을 들고 와서 설명하기 시작했다.

"선생님께서 이거 써서 내일까지 가져오라고 하셨어요."

"시험지에 부모님 싸인 받아오라고 하셨어요."

별이가 선생님에게 들은 말을 나에게 전달한 것은 올해가 처음이었다. 지금까지는 일부러 안 한 게 아니라 할 수 없었던 거구나. 선생님의 말이 정말 귀에 안 들렸다는 걸 알게 됐다. 그동안의 학교생활이 얼마나 답답했을까? 엄마가 좀 더 빨리 결심할걸. 이것저것 고민하고 겁내다가 아이를 더 힘들게 했던 것 같아서 미안했다.

두 번째로 좋아진 것은 글씨체. 그동안 감각통합 수업에서 연필 잡는 연습도 하고 집에서도 각종 보조도구를 써서 노력했지만, 연필을 제대로 잡는 것은 힘들었다. 별이는 연필을 바깥쪽으로 기울여 잡았다. 다른 아이들이 몸쪽으로 기울여 잡는 것과는 정반대 방향. 연필 잡기도 어렵고 손에 힘도 들어가지 않아서 글씨는 언제나 흐릿하고 흐물흐물했다. 한 글도 숫자도 알아보기 힘든 수준이었다. 그런 아이의 글씨가 어느 순간 선명해졌다.

"와! 글씨 정갈하네. 이거 누구 노트야?"

식탁에 올려있던 별이의 노트를 보고 남편은 누구 글씨인지 궁금해했다.

"이거 아들 거잖아."

"아들 거라고? 글씨체가 완전히 달라졌네."

나도 놀라웠다. 완전히 달라진 별이의 글씨에는 힘이 있었다. 선명하고 정돈된 글씨가 읽기가 참 편했다. 별이가 연필 잡는 것을 관찰하니 정말 각도가 조금 뒤로 기울어 있었다. 이젠 연필도 제대로 잡는다! 1학년 때부터 그렇게 연습하고 잔소리해도 고쳐지지 않던 것이 이렇게 바뀐다니 놀라웠다.

세 번째로 좋아진 것은 감정조절. 놀이치료를 시작하면서

주 1회 상담을 진행한 별이는 처음 진단받을 때보다 훨씬 말랑말랑해졌다. 그래도 매 순간 불평불만을 하는 투덜이였다. 어떤 일을 시작도 하기 전에 부정적인 말들로 초를 치는 아이 덕분에 매번 가족이 함께하는 일정은 고난길이었다.

가끔 부담감이 심하게 느껴지거나 화가 날 때는 감정이 폭발해서 격해지는 일도 있었다. 그런데 약을 먹고 나서는 별이의 감정 기복이 감당할 수 있을 정도로 확연히 줄었다. 덕분에 집에서 가족들과 부딪치는 일이 적어지고 집안 분위기가 부드러워졌다.

약을 먹었다고 갑자기 별이가 착해진 것은 아니었다. 여전히 불만을 늘어놓지만 대화하면서 기분이 금세 풀리기도 하고, 자기가 불편하고 속상한 감정을 상대방과 대화할 수 있는 수준으로 표현할 수 있게 되었다. 마음이 너무 힘든 날에는 화가 폭발하는 대신 눈물이 고였다. 아이의 마음엔 여전히 불편함과 속상함이 남아있고, 모두 해소된 것은 아니지만 밖으로 표현하는 방법이 변하니 주변의 반응이 달라졌다.

"우리 아들, 매우 힘들구나. 아빠가 도와줄까?"

"괜찮아, 다시 한번 해보자."

별이와 가장 많이 부딪쳤던 남편이 이런 따뜻한 말을 할 수 있게 된 것은 아빠 말을 귀담아듣고, 감정을 적절히 표현할 수 있게 된 아이 덕분이었다.

약의 효과라는 게 공부를 잘하게 해주고, 성격을 좋게 만들어 주고, 말썽을 피우지 않게 해주는 것이 아니었다. 약을 먹으니 다른 사람들의 이야기를 들을 수 있는 귀를 틔워주고, 무언가에 집중할 수 있도록 도와주고, 폭발하는 감정을 조금은 부드럽게 만들어 주고, 자기의 말과 행동을 한번 생각해 보고 내보낼 수 있는 여유를 준 것이다.

병원 교수님도, 놀이치료사님도 똑같이 말했다.

"약을 먹는다고 문제가 해결되지 않아요. 다만 새로운 것을 배우고 연습할 수 있는 태도를 형성하고 주변의 긍정적인 피드백을 통해 무너진 자존감을 세울 기회를 얻는 거예요."

우리 아이에게도 늦었지만 기회가 왔다. 작은 성공 경험과 사람들과의 긍정적 상호작용을 통해 앞으로의 삶을 풍요롭게 채워 나갈 수 있었으면 좋겠다.

 **레프샘의 팁**

"애가 입맛이 떨어지고 잠만 온대."

"우울하고 예민해져서 눈물을 자주 흘린대."

부작용 때문에 ADHD 약 복용에 대해 미리 겁먹지 않았으면 좋겠어요. 아이마다 약마다 나타나는 증상이 다를 수 있기에 전문가와 논의하면서 아이의 상태를 보고 조절하는 것이 좋습니다. 담임선생님에게도 미리 부탁하면 좋아요.

"선생님, 이번에 아이가 약을 증량했는데 혹시 학교에서 특별한 변화나 문제가 보이면 말씀해 주세요." 하고 말해 놓으면 약이 바뀌거나 용량이 늘었을 때 학교에서의 아이는 어떤 모습인지 알아볼 수 있습니다.

약을 먹은지 2년이 다 되어 가던 어느 날, 의사 선생님에게 ADHD 약을 언제까지 먹어야 하는지를 물은 적이 있어요.

"약으로 얻는 효과와 약으로 생기는 부작용을 비교해 보고 선택하는 겁니다."

선생님의 말을 듣고 조금 더 명확해졌습니다. 약간의 부작용이 있을지라도 아이가 얻는 좋은 효과들이 훨씬 크고 중요하다면 약을 먹는 것이 더 나은 선택이지 않을까요?

잊지 말고 챙겨요

"아들~ 약은 먹었지?"

별이에게 내가 가장 많이 물어보는 말이다. 바쁜 아침 출근길에도, 하루를 마무리하는 잠자리에서도 항상 약을 챙긴다. 혹시 약 먹는 것을 잊어서 하루가 힘들까 봐 걱정되어서 하는 말이다.

'어떻게 아이에게 약을 안 먹이고 학교를 보내지?'

교실에서 ADHD 학생을 만날 때 가장 이해하기 어려운 부분이 약이었다. 약을 먹지 않으면 학교에서 매우 생활하기 힘들다는 걸 알면서 그 중요한 것을 챙기지 않고 학교에 보내는 부모님이 이상하고 무책임해 보이기도 했다. 내가 우리 아이에게 약을 먹이기 전까지는 절대 이해할 수 없었던 행동이었다.

ADHD 약을 먹는 산이를 가르칠 때의 일이다. 산이의 행동이 평소와 다르게 매우 불안하고 어수선해 보였다. 수업 시간에 혼자 중얼거림도 많아지고 내 말이 전혀 귀에 들어오지 않는 눈치였다. 혹시나 해서 어머니에게 전화를 드렸다.

"어머니, 요즘 들어 산이 행동이 부쩍 눈에 띄어요. 혹시 약을 안 먹고 있나요?"

"네? 그럴 리가요. 제가 산이 약 때문에 아침 도우미 선생님까지 쓰고 있는걸요. 매일 아침밥 먹고 약 먹는 것까지 확인하고 등교시켜 주시는 거예요."

"아, 어머니가 산이보다 먼저 출근하시는군요. 산이 행동이 평소보다 산만하고 매우 불안해 보여요."

"이상하네요. 제가 도우미 선생님께 다시 한번 확인해 보겠습니다."

나중에 산이 어머니에게 따로 전화가 왔다. 도우미 선생님 말로는 산이가 가끔 약을 먹지 않으려고 입안에 넣었다가 삼키는 척만 하고 뱉기도 하는 것 같다고 했다.

약에 거부감이 있는 아이라면 충분히 그럴 수도 있겠다 싶었다. 산이는 저학년 때부터 심각한 과잉행동을 보여서 약을 장기간 먹는 친구였다. 지금도 아이 몸무게에서 먹을 수 있는 최대 용량의 약을 복용하고 있었다. 산이는 약 부작용으로 점심을 거의 손도 대지 않았다. 잘 먹지 못해서 그런지 몸집도 또래보다 작았다.

그 나이에 벌써 약 부작용으로 제대로 먹지도 못하는 산이를 보면 안쓰럽다가도, 학교에서 계속되는 문제행동들로 마음이 조마조마한 담임선생님 입장에서는 약을 제대로 챙기지 않는 아이와 부모님이 야속했다.

'엄마가 일찍 출근해야 하면 아침에 일찍 먹이면 되는 거 아니야? 아니면 밤에 먼저 먹이든지. 왜 노력을 안 하지?'

차마 말은 못 했지만 혼자서 고개를 갸우뚱했다.

산이와 함께 한 바로 다음 해, 우리 아이도 약을 먹기 시작했다. 직접 해보니 매일 빠짐없이 약을 먹이는 것은 매우 어려운 일이었다. 처음에는 밤에 먹던 약을 아침에 먹는 것으로 바꾸고, 나중에는 아침, 저녁 각 한 번씩 하루 두 번 먹는 것으로 바꾸었다. 별이에게 약을 챙겨 먹이는 것은 우리 부부의 중요한 하루 임무가 되었다.

처음 약을 먹여보는 거라서 바짝 긴장하고 챙겨 먹이면서 혹시나 부작용이 있는지 자세히 살폈다. 아침에 남편과 내가 둘 다 일찍 출근해야 하는 날에는 먼저 약을 먹이고 밥을 먹였다. 그랬더니, 별이는 약을 그대로 토해냈다. 빈속에 약을 먹으면 속이 울렁거린다는 것을 그때 알았다.

약을 먹이려면 먼저 밥을 챙겨 먹여야 했다. 혹시 잊을까 싶어 밥숟가락을 내려놓자마자 아이에게 약을 먹였다. 평일엔 내가 출근 시간이 빨라서 남편이 약을 챙겨주는 날이 많았다. 문제는 남편이 없는 날. 밥을 얼른 먹이고 약까지 먹이고 출근하고 싶지만, 느릿느릿 거북이 같은 별이를 기다리다간 지각 확정이다. 어쩔 수 없이 밥 옆에 약을 잘 보이게 올려두고 출근했다. 출근길 전화통을 붙잡고 밥 먹었는지, 약 먹었는지를 물어보기를 수십 번 반복했다.

그런데도 저녁에 퇴근하고 오면 약이 그대로 있는 날도 있고, 내가 꺼내놓은 약 대신 약병에 들어있는 약을 꺼내먹은 날도 있었다. 아무래도 아이 혼자 약을 챙겨 먹는 것은 무리가 있었다. 그때 작년에 가르쳤던 산이가 떠올랐다. 산이 부모님도 일찍 출근하며 얼마나 힘들고 신경 쓰였을까? 오죽하면 산이 약 먹이려고 도우미 선생님까지 썼을까 싶어서 미안하고 안타까운 마음이 들었다.

밤에도 약을 먹이기는 쉽지 않았다. 저녁 먹고 바로 먹는 것을 끊임없이 연습했지만 자기 전에 별이가 물어보면 나도 헷갈렸다.

"엄마, 나 약 먹었어요?"

"아까 먹지 않았어?"

당연히 먹었겠지 싶었는데 가서 보면 안 먹은 날도 있었고, 안 먹었나 싶어서 확인해 보면 이미 먹은 날도 있었다. 가끔은 저녁 먹고 약을 먹었는데 먹지 않은 줄 알고 자기 전에 또 먹는 일도 생겼다.

이런 우리를 도와준 것은 바로 요일별 약통. 친한 지인이 영양제를 챙겨 먹는 용도로 요일별 약통을 사용한다고 알려 줬다. 이 약통을 사용하고 나서는 약 챙기기가 훨씬 수월해졌다. 별이가 약을 먹었는지 안 먹었는지 눈으로 확인할 수 있었다. 나와 남편이 교대로 아이를 돌볼 때도 서로 실수하는 일이 줄어들었다. 그래도 여전히 약 먹는 것을 가끔 까먹는 별이. 부모가 수시로 챙겨도, 아이가 스스로 챙겨도 구멍이 나는 날이 있다.

'이 약을 언제까지 챙겨 먹어야 하나?'

가끔은 부담감이 어깨를 누르는 것 같았다. 하지만 커가는 아이에게 엄마가 언제까지나 쫓아다니면서 약을 먹일 수는 없을 것 같았다. 결국은 약도 아이가 스스로 챙겨 먹어야 하는 거라는 생각이 들었다. 약의 필요성을 인지하고 알아서 챙겨서 먹어야지, 엄마가 따라다니면서 억지로 먹여주는 것은 한계가 있지 않을까?

오늘도 별이에게 밥 먹고 바로 약 먹는 루틴을 연습시키며 언젠가는 스스로 챙길 수 있는 어른으로 자라나길 바라본다.

 **레프샘의 팁**

매일 정해진 시간에 약 챙겨 먹기는 매우 어려웠습니다. 집중력이 부족하고 산만해서 약을 먹는 아이기에, 약을 꾸준히 챙겨 먹는 것도 매우 어려운 과제였어요.

"그럼, 부모님이 챙겨주면 되잖아요."

맞아요. 당연히 도와줘야죠. 그러나 부모도 사람이기에 종종 잊어버립니다. 밤에 자다가 문득 '아까 아이한테 약을 줬나? 안 먹고 그냥 지나간 것 같은데.' 하는 불안감이 불쑥 올라와서 약통을 확인하러 뛰어가는 날도 있어요. 아침에도 허겁지겁 출근 준비를 하다 보면 아이 약을 못 챙겨주고 나오는 날도 있었죠.

저처럼 깜박거리고 바쁜 일상을 보내는 엄마라면 요일별 약통을 사용해 보세요. 아이에게 디자인을 고르도록 선택권을 주거나 약통 꾸미기를 함께 진행해 봐도 좋습니다. **스스로 약 먹는 연습이 아이의 기본 생활습관 및 자기관리능력을 기르는 데 좋은 기회가 될 것입니다.**

대학병원과 지역병원

두 달에 한 번, 월요일 아침은 별이랑 대학병원에 가는 날이었다. 처음 진료 때는 멋모르고 남편이랑 차를 가지고 갔다가 길이 너무 막혀서 꼼짝없이 차에 갇혔다. 이러다 진료 시간에 늦을 것 같아서 별이랑 중간에 내려서 지하철을 타고 뛰어서 병원에 갔다. 그 이후로는 차로 병원에 갈 생각은 한 번도 안 했다.

지하철도 월요일 아침은 언제나 혼잡했다. 아이를 데리고 가기엔 무리가 있었지만, 진료 시간을 맞추려면 다른 방법이 없었다. 다른 요일 오후면 좋으련만, 교수님은 월요일 오전만 진료가 가능해서 어쩔 수 없었다. 진료 시간이라도 미룰까 했지만 한두 시간을 기본으로 대기해야 해서 늦어질수록 대기 시간이 한없이 길어졌다.

월요일은 교사인 나에게도 학생인 별이에게도 학교를 빠지기에 부담스러운 요일이었다. 한 주가 시작되는 날이라 학교에서 학생들에게 안내할 사항도 많고, 방송조회나 교직원 회의 등 빠지면 곤란한 일들도 있었다. 월요일에 학교를 빠지니 일주일 내내 마음이 바쁘고 자꾸만 놓치는 일들이 생겼다. 그래도 두 달에 한 번이라 다행이었다. 남편과 나의 가족 돌봄 휴가를 모두 소진하면서 진료를 다녔다. 이런 정기적인 결석 때문에 학기 초 상담 시간에 담임선생님에게 미리 양해를 구했다. 교수님 스케줄상 월요일 오전만 가능해서 하루 결석이 불가피하다고 말했다.

진료가 있는 월요일 아침, 지하철을 타고 제시간에 병원에 도착하려면 분주했다. 둘째는 자기도 학교 안 가고 병원에 따라가겠다고 난리였다. 둘째를 겨우 달래 교문 앞까지 데려다주고 별이와 지하철을 탔다. 병원은 언제나 환자들로 가득했다. 어린이 병원이라 그런지 모든 환자가 아이들이었다. 수술하고 환자복을 입은 아이들, 침대에 누워서 거동도 못 하는 친구들을 보면서 매번 마음이 무거웠다.

병원에 도착해서 접수를 하면 얼마나 대기해야 하는지 알려준다. 예약을 해도 진료가 보통 50~70분 지연되는 것은 기본이었다. 무엇보다 어수선한 병원 대기실에서 한 시간 넘게 아이와 앉아 있는 것이 가장 어려운 일이었다. 사람이 많은 실내 공간을 힘들어하는 별이는 병원을 답답해했다. 대기 시간 동안 별이와 함께 병원 탐방을 했다. 병원의 복도를 같이 걸으며 어떤 진료과들이 있는지, 교수님이 몇 명인지 살펴봤다. 복도에 전시된 미술품도 함께 감상하고 조형물에서 사진도 찍었다.

가장 흥미로운 곳은 병원에 입점한 편의점이었다. 편의점에서는 오랫동안 병원에 머물러야 하는 환자들과 보호자를 위해 다양한 물건들을 판매하고 있었다. 동네 편의점에서는 볼 수 없는 신기한 물건들을 보느라 시간 가는 줄 몰랐다. 편의점을 둘러보고도 시간이 남으면 병원 밖으로 나왔다. 병원 주위를 산책하거나 주변에 있는 공원, 전시관에도 방문했다.

진료 때 우리가 교수님과 이야기하는 시간은 10분 남짓이었다. 진료실 안에는 교수님 말고도 2~3명의 수련의가 항상 옆에 앉아 있었다. 교수님은 친절하게 아이에게 요즘 생활에 관해 물어보고 나에게도 아이와의 관계나 변화에 대해 말을 건넸다. 짧은 진료라 사전에 궁금한 점이나 아이의 생활에 특별한 변화가 있으면 메모를 해갔다.

별이는 부작용을 최소화하려고 가장 적은 용량부터 약을 증량하고 있었다. 약을 먹은 후 아이에게 별다른 부작용은 없는지, 어떤 변화가 나타나는지 살펴보는 단계라 조심스럽고 걱정도 많았다.

"혹시 약 부작용이 생기거나 갑자기 아이에게 문제가 생기면 어떻게 하나요?"

"병원으로 연락해 주세요. 교수님은 일정이 꽉 차 있어서 진료를 보실 수는 없고 가장 빨리 진료를 볼 수 있는 전공의 선생님으로 진료를 잡아 드릴게요."

아이에게 급한 일이 생겨도 담당 교수님을 만나는 날은 두 달 뒤로 고정되어 있었다. 기다리는 환자들이 너무 많아서 우리 일정에 갑작스러운 변화가 생겨도 병원 진료를 바꿀 수는 없었다. 대학병원이 주는 신뢰감과 실력 있는 교수님에게 진료받는다는 안도감이 좋았지만 그만큼 불편하고 힘든 점도 있었다.

별이가 약을 먹고 두 계절이 지나자 놀이치료사님은 가까운 병원으로 바꿔보는 것을 제안했다.

"어머니, 지역병원은 어떠세요?"

"그게, 좀 불안해서요."

"다들 유명한 병원 출신이시고, 이 동네에서는 나름대로 검증이 됐어요. 가까워서 아이도 부모님도 다니시기 편하실 거예요. 무엇보다 아이의 상황에 따라 바로 대처가 가능해서 더 안전할 수도 있어요."

들어보면 다 맞는 말이지만 그래도 대학병원이 더 실력 있고 믿을만 한 것 같았다.

학교에서 워낙 여러 사례를 봐서 그런지 걱정만 늘었다. 예전에 가르쳤던 산이가 생각났다. ADHD 약을 장기간 먹었지만 산만함이나 충동성이 개선되지 않아서 학교에서도 가정에서도 힘들어하고 있었다. 산이는 가까운 지역병원에서 약을 조절하다 결국 대학병원으로 다시 옮겨서 진료를 받았다. 병원마다 의사마다 약을 조절하는 방법이 다르다는 말을 전해 들으면서 역시 대학병원인가 싶었다.

우리 아이에게 더 알맞은 약을 찾으려면 힘들어도 대학병원에 다녀야 한다는 생각에 1년을 참고 다녔다. 다행히 별이는 처음 사용한 약과 비교적 잘 맞았다. 극적인 효과는 없었지만 잔잔하게 긍정적 영향을 주었고, 큰 부작용도 없었다. 계속 이 약을 유지하면서 지켜보자는 교수님의 말을 듣고 물었다.

"교수님, 혹시 지역병원으로 다녀도 괜찮을까요?"

"네, 별 군은 지역병원으로 다녀도 괜찮을 것 같아요. 지역이 어디시죠? 제가 댁 근처 병원으로 연결해 드리겠습니다."

교수님이 흔쾌히 괜찮다고 해서 마음이 놓였다. 그동안의 검사지, 치료 자료들을 가지고 추천받은 인근 병원으로 왔다.

지역병원은 대학병원 다닐 때와는 비교할 수 없을 정도로 편했다. 가장 좋은 점은 내가 올 수 있는 날짜와 시간을 정할 수 있다는 것. 더 이상 아이도 학교를 빠지지 않아도 되고 나도 온종일 휴가를 내지 않아도 괜찮았다. 진료 예약도 비교적 빠르게 가능해서 필요할 때 바로 도움을 받을 수 있다는 점도 좋았다. 아이에게 고민되는 일이 생기거나 물어보고 싶은 일이 있을 때도 빠른 피드백이 가능했다.

이제 병원 가는 날은 아이와 내가 단둘이 데이트하는 날이다. 둘이 손 꼭 잡고 걸으며 간식을 먹으면서 이런저런 이야기를 나눈다.

"선생님께 물어보고 싶은 거나 힘든 점은 없었어?"

병원에 가는 길에 아이에게 물어보며 아이의 생활도 함께 나눈다.

"아, 이거 선생님께 물어볼 걸, 다음 달에 가면 여쭤봐요."

아이의 치료가 끝이 없고 시작만 있는 것 같아서 버겁다고 생각했다. 그런데 우리 아이가 성장하는 것을 옆에서 여러 선생님이 도와주고 있다고 생각하니 든든했다. 나 혼자가 아니다. 우리 아이를 도와주는 사람들이 옆에 있다. 힘들 때 응원해 주고 길을 헤맬 때 방향을 제시해 줄 수 있는 조력자가 있어서 흔들리지 않고 나아갈 수 있다.

레프샘의 팁

아이의 상태와 정도에 따라 다르겠지만 대학병원에 방문할 의향이 있으면 서둘러 예약하세요. 교수님에 따라서 2~3년 예약이 모두 차 있을 수도 있습니다. 당장 아이에게 치료나 약이 필요한 경우에는 지역병원을 알아보세요. 지역병원도 유명한 곳은 몇 달 예약이 꽉 찬 경우도 있지만, 대학병원보다는 빨리 진료를 볼 수 있습니다. 지역병원을 선택할 때는 주변에서 병원을 이용해본 사람들의 평가를 들어보면 좋아요.

대학병원

장점: 권위 있는 말과 행동으로 부모나 아이에게 신뢰감을 준다. 다양한 연구 자료를 보유하고 있어서 우리 아이에게 필요한 도움을 받을 수 있다. 의료진의 실력 보증. 학계에서 유명하여 따로 검증이 필요 없다. 믿고 따를 수 있다.

단점: 대기 시간이 길고 대기 공간이 어수선하다. 병원 다녀오면 하루가 끝난다. 급한 일이 생겨도 진료를 볼 수 없다. 두 달에 한 번 정해진 날만 가능하다. 교수님 옆에 수련의가 2~3명 항상 같이 있다.

지역병원

장점: 집에서 가깝다. 원하는 날짜와 시간 혹은 아이에게 급한 일이 생겼을 때 진료를 볼 수 있다. 한 달에 한 번씩 진료를 보기 때문에 아이의 변화에 빠르게 대응하고 적절한 조언을 받을 수 있다.

단점: 지역병원도 유명한 곳은 대기 시간이 길다. 동네 사람을 만날 수 있다.

학교와 지역사회 시스템 활용하기

 3년 넘게 ADHD와 함께 생활하면서 깨달은 점은 치료는 장기전이라는 것이다. 돈과 시간과 체력이 많이 필요했다. 놀이치료와 감각통합치료, 언어치료까지 진행해 보니 한 달에 100만 원이 넘는 돈이 별이의 치료비로만 들어갔다. 비싼 학원 다니는 셈 치자고 하기엔 많이 부담되는 금액이었다.

 별이의 치료 중 가장 저렴하고 부담 없는 것은 약물치료였다. 병원에 한 달에 한 번 가서 의사 선생님과 10분 정도 이야기하고 한 달 치 약을 받아오면 된다. 대학병원에 다닐 때도 병원비가 10만 원을 넘지 않았다. 지역병원으로 옮기고 나서는 병원비와 약값을 더해도 5만 원이 채 안 됐다. 그렇게 주저했던 약 복용인데, 막상 해보니 약만으로 해결된다면 정말 편하겠다는 생각이 들었다. 문제는 약은 아이의 증상을 완화하는 역할을 해줄 뿐 아이의 감정조절, 대인관계 형성, 의사소통, 학습에 관해 필요한 기술들을 채워주지는 못한다는 것이었다. 아직 우리 아이에게는 필요한 것들이 많았다.

매달 초 상담센터에서 수업료를 결제할 때마다 경제적으로 부담이 크게 느껴졌다.

"바우처로 할까요? 자비로 할까요?"

"네? 바우처요? 그게 뭐예요?"

센터에 가서 바우처라는 말을 처음 들었다. 나라에서 치료에 필요한 금액을 지원받는 아이들은 바우처 카드를 받아서 결제를 진행한다고 했다. 둘러보니 상담센터에서 많은 아이가 바우처로 수업을 받고 있었다.

"바우처 카드는 어떻게 받을 수 있는 거예요?"

"어머니, 주민센터에 문의해 보세요."

전입 신고 이후 처음 가보는 주민센터였다. 그곳에는 사회복지를 담당자들이 있었다. 상담센터에서 사용할 수 있는 바우처를 문의해 보니 아이의 장애 여부, 부모의 소득, 아동의 나이 등에 따라서 지원받을 수 있다고 했다. 지원해 주는 사업마다 신청 기간도 다르고 선정 기준도 제각각이었다.

'정부 지원을 받으려면 부모가 부지런해야겠구나.'

그때부터 상담센터나 병원, 주민센터 게시판에 붙어있는 사업 안내문을 유심히 살폈다. 혹시 우리 아이가 받을 수 있는 지원이 있을까 하는 마음이었다. 하지만 번번이 지원 기준을 비껴갔다. 여름방학을 앞둔 어느 날, 상담센터 앞에 붙어있는 포스터 하나를 발견했다.

이 맘 때
이제, 마음 건강을 돌봐야 할 때!
전 국민 마음 투자 지원사업

전 국민? 그럼 혹시 우리 아이도 해당이 될까? 하는 기대감으로 안내문을 꼼꼼히 읽어봤다. 마음 투자사업은 다른 사업들보다 지원 대상 범위가 훨씬 넓었다.

"선생님, 저희 아이도 가능할까요?"

"네, 가능할 것 같아요. 학교 위Wee클래스에서 의뢰서 받아오시면 돼요."

"혹시 지금 다니고 있는 병원에서도 가능할까요?"

"네, 진료받고 있는 경우에는 병원에서 진단서나 소견서 받아오시면 됩니다."

지금까지는 기준에 맞지 않아서 지원을 못 받았지만, 이번에는 소득 기준에 따라 차등 지원되는 구조라서 소득이 높게 잡혀도 적은 금액이라도 지원받을 수 있었다. 신청 기간은 연말까지였지만 예산이 소진되면 조기 마감될 수도 있다는 말에 마음이 급했다. 필요한 서류를 준비하러 부지런히 움직였다. 처음 받아보는 지원이라 절차가 다소 복잡하고 까다로웠지만 그래도 지원을 받을 수 있다는 사실에 기뻤다. 우리가 받은 지원금은 8회분, 약 두 달 상담비의 80%였다. 처음 받아보는 정부 지원금에 감격스러웠다.

'이런 지원금을 받으면 우리 아이에게 필요한 치료를 돈 걱정 없이 할 수 있겠다.'

학교에도 경제적인 이유로, 시간적인 이유로 제때 치료를 받지 못하고 방치되는 아이들이 꽤 많다. 부모님에게 치료를 권하고 싶어도 시간과 돈이 많이 들어간다는 것을 알기에 조심스럽다. 그래도 다행인 것은 많은 학교에 위클래스가 설치되어 운영된다는 점이다. 학교 안에서 상담이 필요한 경우에 언제든지 찾아갈 수 있어서 외부 전문 상담 기관을 방문하기 어려운 경우 유용하다. 위클래스 상담은 무료로 진행되기 때문에 경제적인 부담 없이 이용할 수 있다는 것도 장점이다.

우리 반에도 위클래스를 이용하는 아이들이 많았다. 친구들이랑 다투고 속이 상해서 찾아가기도 하고, 지루한 학교생활을 견디기 힘들어서 찾아가는 아이들도 있었다. 사람이 그립고 외로워서 쉬는 시간에 틈만 나면 방문하는 아이도 있었고, 선생님이나 엄마에게도 말하기 힘든 비밀을 털어놓을 곳이 필요해 방문하기도 했다.

교사로서 위클래스 선생님의 도움이 큰 힘이 된 일도 있었다. 평소 수줍음이 많고 주목받는 것을 부담스러워 하던 달이는 언제나 조용했다. 눈에 띄지 않으려고 모자와 마스크를 쓴 채 학교생활을 하던 친구였다. 어느 날 달이가 지각을 한 날이었다. 아이가 교문 앞에서 1교시가 끝날 때까지 들어가지 않겠다고 엄마랑 실랑이를 하고 있었다. 마침 출근하던 상담 선생님이 달이를 보고 교실로 데리고 올라왔다.

상담 선생님이 있어 정말 다행이라고 생각했다. 지금까지 숨고 가리느라 답답했을 달이 마음의 문을 누군가에게 열었다는 것이 감사한 일이었다. 달이가 말하지 못하고 속으로만 삼켰던 이야기를 위클래스 선생님과 나누면서 공감받고 위로받을 수 있었다. 소통과 지지의 경험이 달이를 한층 더 단단하게 만들어 준 것 같다.

 **레프샘의 팁**

4월에 학교에서 시행하는 '정서·행동 특성검사'를 활용해보세요. 초등 1·4학년, 중·고등 1학년이 대상인 이 검사는 학생의 정서·행동 문제를 예방하는 게 목적입니다. 중고등학생은 직접, 초등학생은 학부모가 대신 설문조사에 참여합니다.

반에 한두 명씩 정서·행동 문제 점수가 높은 관심군 아이가 있었습니다. 별문제는 없어 보이지만 주 양육자의 기준치가 상대적으로 높은 경우도 있었고, 실제로 전문적인 치료가 필요한 친구도 있었습니다. 반대로 교사가 보기에 정서·행동 문제가 심해 보이는데 주 양육자가 심각하게 생각하지 않을 때 일반군 아이로 결과가 나오기도 했습니다. **이 검사 시기에는 아이들의 성장에 큰 변화가 있는 때이므로 주 양육자가 솔직하게 설문에 답하는 것이 좋습니다. 더불어 관심군으로 결과가 나온 아이들은 전문기관에서 무료로 심층평가를 받아볼 수 있도록 학교에서 연계하고 있습니다.** 금액적으로 부담이 되는 심층평가·상담을 무료로 받아볼 수 있으니 적극적으로 활용해보세요. 검사 결과가 생활기록부, 건강기록부에 남아 꼬리표처럼 따라다니는 것은 아니니 안심하세요.

ADHD 아이만 문제일까?

학교에서 ADHD 아이들 때문에 힘들다는 이야기를 들을 때마다 떠오르는 아이가 있다. 1학년이었던 구름이다. 구름이는 ADHD는 아니었지만 내 교직 인생에서 가장 힘든 아이였다. 무엇이 나와 그 아이를 그토록 힘들게 했을까?

1학년을 처음 맡았을 때는 너무 무섭고 긴장됐다. 이렇게 어린아이들을 내가 잘 가르칠 수 있을까? 하지만 걱정했던 것과는 다르게 아이들은 정말 사랑스러웠다. 매일매일 행복한 아이들을 보면서 나도 덩달아 즐거웠다. 같이 노래 부르고 율동하고 그림 그리고 뛰어놀면서 나도 아이들도 처음인 1학년 생활을 열심히 꾸려나갔다.

서투른 나를 믿어주고 지지해준 학부모님들과 1학년 생활에 대해 하나부터 열까지 알려준 같은 학년 선생님들의 든든한 지원도 한몫했다. 매일 모여서 같이 수업 자료를 연구하고 아이들 지도 방법도 상담하고 학급경영까지 하나하나 알려준 선배 선생님들. 그 해에 학년 막내로서 크고 작은 일들을 맡아서 했지만 별로 힘들지 않았다. 오히려 고학년에서 받아보지 못했던 사랑을 아이들과 학부모님 그리고 선생님들에게 받는 기분이었다.

그래서 다음 해 학년을 선택할 때 다시 1학년을 맡아보자는 선생님들의 말을 흔쾌히 받아들였다. 한 번 해본 학년이니 더 잘할 수 있을 것 같았다. 마음도 한결 여유롭고 자신감도 붙었다. 입학식 첫날, 우리 반에 아주 귀엽고 똘망똘망한 남자아이가 눈에 띄었다. 다들 부모님이 방문하여 입학을 축하해주는데 구름이만 부모님이 없이 혼자였다.

어린 마음에 얼마나 속이 상할까 싶어서 특별히 구름이를 더 챙겼다. 하지만 그 아이는 매번 나를 시험에 들게 했다. 아침에 학교에 와서 집에 갈 때까지 구름이는 종일 교실을 헤집고 다녔다. 수업 시간에도 쉬는 시간에도 점심시간에도 구름이에게는 규칙도 시간 개념도 없었다. 천방지축 날뛰는 구름이 덕에 교실은 난장판이었다.

우리 반은 어딜 가나 눈에 띄었다. 아이들의 줄을 흐트러뜨리며 복도 끝으로 도망가는 구름이. 특히 체육 시간에는 줄넘기를 끊임없이 돌리는 구름이 때문에 수업 진행이 거의 되지 않았다. 처음에는 구름이의 행동을 이상하게 보던 아이들도 점차 구름이를 따라 하기 시작했다.

 '아, 구름이의 잘못된 행동을 제한하지 않으니 다른 아이들이 저렇게 해도 괜찮다고 생각하는구나!'

 다른 아이들을 위해서라도 구름이의 행동을 바로잡을 필요가 있었다. 문제는 구름이는 아무리 무섭게 혼내도 눈 하나 깜짝 안 하는 아이였다.

 "우리 아빠가 더 무서워요. 전 맞아도 하나도 안 아파요."

 구름이는 선생님은 부모님에 비하면 전혀 무섭지 않다며 자기 마음대로 행동했다. 아이의 자리를 옮겨도 보고, 타임아웃으로 활동에 참여하는 것을 제한해 보기도 했지만, 소용이 없었다. 하는 수 없이 부모님에게 연락을 했다.

 "어머님, 구름이가 학교생활을 많이 힘들어해요."

 "걔가 또 그래요? 걔가 원래 그래요. 집에서 내 말도 만들어요. 유치원 때도 하도 난리를 쳐서 주변 엄마들이 나한테 뭐라고 했다니까. 난 몰라요 몰라."

어머니의 반응은 정말 충격적이었다. 꼭 남의 아이 말하듯이 말하는 것을 들으면서 그래도 본인 아인데 어떻게 저렇게 무책임하게 말할 수 있을까 의아했다. 이미 구름이의 문제행동이 오래전부터 시작된 것 같았다. 집에서도 말을 잘 듣지 않는다는 것을 들으니 더 심란했다. 친구들에게 매일 피해를 주는 구름이의 행동을 이대로 두고 볼 수는 없는 일이었다.

이번엔 구름이 아버지에게 연락을 했다.

"네. 그렇지 않아도 병원에 검사 예약을 해둔 상태입니다."

"아, 그러셨군요. 구름이가 학교생활을 잘할 수 있도록 도움을 받았으면 좋겠네요. 검사 결과 나오면 말씀해주세요."

검사 결과를 기다리는 한 달이 1년처럼 느껴졌다. 구름이는 여전히 천방지축 날뛰고 아이들을 때리고 밀치는 바람에 매일 원성이 자자했다.

한 달 뒤, 구름이 아버지가 교실로 찾아왔다.

"선생님, 검사 결과는 정상입니다. 구름이게 아무 문제가 없대요."

"네, 다행이네요. 그런데 구름이가 학교생활을 많이 힘들어해서 걱정이네요."

"그건 선생님의 문제 아닐까요? 우리 아이는 아무 이상이 없다잖아요."

아이의 검사 결과가 좋은 것은 기쁜 일이었지만, 병원에서 괜찮다고 했다고 아이에게 전혀 문제없으니 다 선생님 탓이라는 말이 황당했다.

상담은 정말 참담했다. 구름이가 교실에서 겪는 어려움, 문제행동에는 전혀 관심이 없었다. 그냥 우리 아이 검사 결과는 이상 없으니, 학교에서 선생님만 잘하면 된다는 식이었다. 경력도 짧고 아이도 키워보지 않았던 내가 문제인가? 이 아이를 내가 어떻게 감당할 수 있을지 무서웠다.

매일 같은 학년 선생님들을 찾아다니며 아이의 행동에 대해 상담하고 문제행동 지도법을 배웠다. 선생님들이 알려준 대로 아이와 아침마다 인사하고 칭찬하며 내적 친밀감을 높이려 노력했다. 아이와 함께 교실에서 지켜야 할 일 한 가지를 정해서 알림장에 붙이고 매일 점검하고 지킬 수 있도록 독려했다. 담임으로서 할 수 있는 노력을 했지만 역부족이었다.

구름이는 화가 나면 가위를 들었다. 처음에는 가정통신문을 자르고 노트를 자르던 아이. 나중에는 자기 머리카락도 잘랐다. 반 친구들은 구름이의 모습을 보고 무서워했다. 집에 연락해도 전혀 도움을 받을 수 없었기에 학교에 도움을 요청했다.

"1학년은 원래 힘들어. 다른 반 아이들도 힘든 아이들 많아. 선생님이 젊어서 그런 거야. 손잡고 다니면서 잘 챙겨줘."

학교에서는 대수롭지 않게 생각했다. 우리 반의 문제니 현명하게 잘 해결해 보라고 위로해주는 것이 전부였다.

'병원에서 진행한 검사가 완벽한 것은 아니지 않나? 아이가 아무리 의학적으로 문제가 없어도 교실에서 문제행동이 심하고 주변 아이들에게 피해를 준다면 다른 도움이 필요한 것이 아닐까? 부모도 나 몰라라 하는 이 아이를 담임 혼자서 온전히 책임져야 하는 것인가?'

구름이를 1년 동안 가르치면서 부모의 책임과 학교 시스템에 큰 회의감이 들었다.

시간이 많이 지났지만 지금도 1학년 교실 앞을 지나갈 때마다 구름이가 떠오른다. 1학년이 끝나자마자 바로 이사를 가는 바람에 구름이의 소식을 들을 수 없었다.

'그 아이도 이젠 성인이 되었을 텐데, 잘 살고 있을까?'

내가 힘든 아이를 낳고 키워보니 그 당시 구름이가 애틋하고 안쓰럽게 느껴졌다. 어찌 보면 제일 힘들었던 사람은 적절한 도움을 받지 못했던 구름이었을지도 모른다.

 **레프샘의 팁**

학교에서 아이들이 문제행동을 일으키는 이유는 정말 다양해요. 우리가 익히 알고 있는 ADHD 아이들 말고도 자폐, 우울, 난독, 불안 등 도움이 필요한 아이들이 점점 늘어나고 있어요. 부모님의 이혼, 폭력, 가족 간의 갈등, 반려동물의 죽음, 이사, 친구 관계 등 개인적인 이유로도 힘들어하기도 합니다.

아이가 학교에서나 집에서 문제행동을 보인다면 아이에게 먼저 손 내밀어 주세요. 가정에서의 따뜻한 관심과 도움이 아이의 마음을 다독이는 데 큰 역할을 합니다. 만약 부모님 선에서 해결하기 힘든 일이라면 학교나 병원, 상담센터 등의 전문가와 상담해 보세요. 우리 아이들이 주변의 따뜻한 사랑으로 힘든 시기를 슬기롭게 이겨내고 한 뼘 더 성장할 수 있는 경험을 해보면 좋겠습니다.

5장
동행

함께 나아가볼까요?

가장 아이다워지는 공간, 자연

집에서 별이를 보고 있으면 어딘가 불편해 보인다. 소파에 기댔다가 침대에 누웠다가 바닥에 붙었다가 책상에 엎드렸다가 끊임없이 뒤척인다. 멍하게 휴식할 땐 끊임없이 끈을 돌린다. 돌아가는 끈을 보면서 휙휙 소리를 내는 별이를 보면 내 머리가 다 어질어질하다.

동네 공원이나 놀이터에 나가 봐도 여전히 아이는 어색해 보인다. 달리기는 엉성한 자세로 겅중겅중, 배드민턴을 칠 때는 허공을 때리느라 바쁘다. 공을 맞히기가 하늘의 별 따기처럼 어렵다. 축구는 했다 하면 공이 제멋대로 굴러가고, 철봉 매달리기는 팔이 아파 힘들다. 그네에는 늘 삐딱하게 걸터앉아 어딘가 불안해보인다.

일상에서는 어딘가 모르게 삐그덕거리는 아이, 매번 느릿

느릿 늘어지는 아이가 수퍼 소닉처럼 빠르고 헐크처럼 강인해지는 공간이 있다. 바로 자연이다.

자연에서 별이는 온종일 지치지 않는 체력을 자랑한다. 숲에만 가면 날다람쥐처럼 잽싸게 움직이며 동물과 식물을 관찰한다.

"오빠! 저쪽에 곤충이 있어!"

"어디?"

곤충이 있다는 말을 들으면 엄청난 속도로 달려가는 별이! 운동장에서 달리기할 땐 휘청거리던 아이가 곤충을 잡으러 갈 때는 누구보다 빠르게 똑바로 목표물을 향해 뛰어간다. 학교 운동회 달리기가 곤충 잡기 대회로 바뀌면 별이가 매일 1등을 할 텐데 아쉽다.

바닥에 깔린 이끼들, 이름 모를 작은 꽃들, 다양한 모양의 돌, 떨어진 나뭇가지, 나뭇잎까지 별이 눈에는 모두 빛나는 보석처럼 보인다. 채집통을 가져가서 담아오기도 하고 가져올 수 없는 것들은 사진을 찍어서 아쉬움을 달랜다. 숲에 있는 수많은 생명체를 보고 듣고 만지고 느끼면서 시간 가는 줄 모르고 논다.

숲에서 함께 놀다 보면 우리도 숲의 일부가 된 것 같다. 집에서는 별이의 화내는 소리, 울부짖는 소리, 쿵쾅거리는 발걸음 소리가 마음을 불편하게 했는데 여기서는 아이의 소리가 새 지저귀는 소리와 한데 어울려 희미하고 편안하게 들린다. 소리를 질러도 메아리처럼 아득하고, 투덜거려도 바람 소리에 섞여 부드럽게 들린다. 아이를 바라보는 나의 마음도 한결 보드라워진다.

숲과 더불어 바다도 우리 별이가 사랑하는 공간이다. 걸음마 할 때부터 할머니 손을 잡고 바다에 갔다. 예민하고 까칠한 아이도 모래사장에 앉아 있을 땐 세상 행복했다. 모래 놀이는 종일 해도 질리지 않는 놀이였다. 게다가 바다엔 물도 있다. 모래를 파서 물길을 만들고, 물을 길어 와 물길에 붓고, 모래가 무너지면 다시 땅을 파고, 또 물을 길어 오고. 무한 반복 땅파기 물 붓기 놀이가 아이에겐 완전히 몰입할 수 있는 마법의 시간이었다.

바다에 사는 여러 생물을 관찰하고 채집하는 것도 아주 흥미로운 놀잇거리이다. 특히 별이가 좋아하는 곳은 바닷물이 빠지고 난 뒤 바위틈에 물이 고여 있어 생물을 관찰하기 쉬운 조간대. 가만히 앉아서 내려다보면 바위틈에서 꼬물꼬

물 기어다니는 게들이 보인다. 달랑게, 엽낭게, 무늬발게 등 종류도 다양하다. 쉽게 잡히지 않는 게와 씨름하다 보면 한나절은 그냥 간다. 게 말고도 총알같이 빠르게 움직이는 보리새우, 작은 물고기, 말미잘, 고둥도 채집할 수 있다. 바다에는 관찰하고 채집할 생물들이 끝도 없이 나온다.

"엄마 여기가 제 어항이에요. 제가 생물들 살 곳을 꾸며줄 거예요."

조간대 바위틈 하나를 정해 채집한 것들을 넣어서 자연 어항을 만들었다. 예쁜 조개껍데기랑 해조류를 넣어주고 작은 조약돌을 넣어서 장식했다. 자기가 만든 살아있는 어항에서 눈을 떼지 못하는 아이. 별이에게 바다는 보물창고이자 놀이터다.

별이가 어릴 때는 내 숨을 트이기 위해서 아이를 자연에 데리고 갔다. 자주 울고 화내는 아이, 아무리 안아줘도 그치지 않는 아이와 하루 종일 집에만 있다 보면 내가 우울해지는 것 같았다. 친정에 내려와 일주일씩 머무르면서 아이를 산으로 바다로 데리고 다녔다. 아이가 유치원에 입학할 무렵 남편의 인사이동으로 친정 옆으로 내려왔다. 산과 들, 바다를 아이에게 보여줄 수 있고, 할머니의 사랑을 느낄 수 있는 곳이었다. 별이의 유치원 생활이 순탄하지는 않았다. 그러나 우리가 버티고 살 수 있었던 것은 언제든 뛰어놀 수 있는 자연 덕분이었다.

별이가 초등학교에 입학하면서 다시 도시로 올라왔지만, 코로나 기간 동안 매주 자연으로 아이를 데리고 나갔다. 우리가 애용한 곳은 자연휴양림 숲속의 집. 일반 리조트나 호텔, 펜션은 아이에겐 너무 답답하고 좁았다. 놀러 나가서까지 아이에게 "조용히 해, 뛰지 마, 소리 지르면 안 돼."라고 말하기 싫었다. 숲에서 우리 가족만 머물 수 있는 공간을 찾아다녔다. 신나게 웃고 뛰고 놀면서 학교에서 받았던 스트레스도 날려버리고, 속상했던 일도 내려놓고 함께 치유하는 시간을 가졌다. 그렇게 숲에서 지내고 나면 아이도 나도 다시 살아갈 힘을 얻을 수 있었다.

지금은 학년이 올라가고 자연스레 여유시간이 줄어들면서 자연에 나가는 날이 조금씩 줄어들었다. 별이도 이젠 컸다고 아침엔 더 많이 자고 싶어 하고 주말엔 집에서 편하게 쉬고 싶어 한다. 여름엔 더우니 에어컨 아래 있고만 싶고 겨울엔 추우니 따뜻한 이불 속이 좋단다. 그래도 아이 마음속엔 언제나 자연이 크게 자리 잡고 있다. 별이는 지금도 유치원 때가 가장 행복했다고 추억한다.

따뜻한 봄바람이 살랑살랑 불어오면 별이가 먼저 말을 건넨다.

"엄마 우리 꽃놀이하러 갈까요?"

날이 조금씩 더워지면, "엄마, 이제 곤충들이 활동할 시기예요. 우리 채집하러 가요!"

한여름 뜨거운 햇볕이 내리쬐면, "엄마, 바다에 가고 싶어요. 온종일 바닷물에 둥둥 떠 있을 거예요."

하늘이 높고 파란 가을이 오면, "엄마, 공원에 산책하러 가요. 잠자리들이 많아요."

눈 내리는 추운 겨울이 되면, "엄마, 눈사람 만들러 가요."

자연이 주는 선물을 온몸으로 받으며 자라난 우리 아이는 건강하고 단단하게 성장하고 있다. 힘들고 속상한 일이 생겨도 찾아가 위로받고 치유할 수 있는 공간이 있어서 감사하다.

 **레프샘의 팁**

ADHD 아이들은 사람이 많은 곳, 답답한 실내 공간을 힘들어해요. 이런 곳에서는 감정조절이 어렵고 과잉행동이 심해질 수 있어요. 넓은 야외공간, 한적한 곳, 특히 자연에서는 문제행동이 확연히 줄어듭니다. 아이가 훨씬 편안해하는 것을 느낄 수 있어요. 특히 아이가 마음껏 뛰어놀 수 있는 숲과 바다는 최고의 놀이터에요.

상담치료, 약물치료 등 갖은 노력이 아이를 위해 필요하지만 가끔은 자연으로 나가서 자유롭게 즐길 수 있는 시간을 가져보세요. 울창한 숲, 너른 바다에서 편안함과 시원함을 느끼며 아이와 함께 걸어보세요. 아이도 부모도 부정적 감정을 덜어내고 자연이 주는 경이로움으로 마음을 가득 채우길 바라봅니다.

크룽한 하루 보내세요

"엄마, 올해 가족 앨범은 언제 만들어요?"
"12월 말쯤? 왜?"
"우리 크룽이 사진도 넣어서 만들려고요."

크룽이는 별이가 키우는 도마뱀이다. 누룽지 색과 비슷한 크레스티드 게코(도마뱀붙이의 한 종)라는 뜻으로 지어준 이름이다. 올여름과 함께 우리 집에 온 도마뱀은 잘 자고 잘 먹고 잘 논다. 별이는 도마뱀을 정말 사랑한다. 매일 귀엽다며 사진과 동영상을 찍는다.

야행성인 도마뱀은 아침에 해가 뜨면 슬금슬금 은신처로 들어가 몸을 웅크리고 잠을 잔다. 크룽이의 활동 시간은 불이 꺼진 밤. 우리가 거실 불을 끄고 자러 들어가면 살며시 나와서 움직인다. 벽에 뿌려준 물과 밥그릇의 사료를 핥아 먹고, 급수대의 물도 마신다. 사육통 벽과 천장에 매달려 기어오르기도 하고, 백업(구조물) 사이를 점프하며 아슬아슬한 묘기를 펼친다. 잠자느라 크룽이가 노는 모습을 제대로 못 본 아이는 아침에 밥그릇을 보며 도마뱀의 건강을 확인했다. 밥그릇이 깨끗하게 비어 있고 바닥에 배설물이 많으면 어젯밤 신나게 활동했다는 증거다.

도마뱀이 집에 오고 나서 가장 좋은 점은 아이의 기상 시간이 빨라졌다는 것이다. 침대에서 일어나는 게 아쉬워 이불 속에서 뭉그적거리던 별이는 혹시 도마뱀이 아직 나와 있는지 보려고 아침마다 거실로 뛰어나왔다. 운이 좋은 날은 천장에 매달려있는 크룽이를 볼 수 있었다. 눈도 못 뜨는 비몽사몽 상태에서도 동생의 "오빠~ 크룽이 나와 있어!" 한마디면 뛰어나오는 별이. 도마뱀 덕분에 나의 아침도 한결 여유로워졌다.

도마뱀을 키우게 되면서 생긴 좋은 점 두 번째는 아이가 스스로 하는 일이 늘어났다는 것이다. 바닥에 배를 깔고 누워서 늘어져 있는 것으로 저녁 시간의 대부분을 보내는 아이기에 방 정리도, 옷 갈아입는 것도, 씻고 양치하는 것도 별이에게는 모두 커다란 숙제다. 오늘도 학교에서 살아남느라 힘들었다는 아이는 집에서는 그냥 쉬고만 싶단다. 그런 별이가 도마뱀을 위해서는 벌떡 일어난다.

"도마뱀 물 갈아줄 때가 됐네."

"배설물이 많아서 지저분하니까 배변 패드를 새로 깔아줘야겠어요."

"오늘은 크룽이 밥 주는 날이에요."

처음엔 보는 것만 좋아하고 관리는 언제나처럼 다 엄마 몫이었다. 그러던 어느 밤, 컴퓨터로 비대면 연수를 듣고 있는 나에게 별이가 도마뱀 밥을 부탁했다.

"미안해. 엄마가 두 시간 동안은 움직이기 힘들어서. 이따 밤에 엄마가 해줄게."

평소 같으면 화를 냈을 텐데, 아이는 웬일로 나에게 제안했다.

"엄마, 크룽이 밥 제가 한번 줘볼까요?"

그게 시작이었다. 내가 너무 바쁜 밤, 별이가 갑자기 낸 용기로 도마뱀 밥을 챙겨줬다. 그 이후로 별이는 스스로 도마뱀을 돌보기 시작했다.

"우리 아들이 도마뱀을 혼자서 돌볼 수 있다니 대단한 발전인데~"

"오빠, 나 아직 밥 주기 어려운데 도와줄 수 있어?"

"그래, 오빠가 도와줄게."

자기 혼자서 할 수 있다는 것이 생겼다는 것에 별이도 놀라고 만족스러운 것 같았다. 매번 동생한테 치이던 아이가 동생이 어려워하는 밥 주기를 도와주면서 뿌듯해했다. 우리 아이에게도 혼자서 할 수 있는 능력이 있었다. 단지 할 수 있다는 것을 몰랐을 뿐이다.

지금까지 우리와 함께 생활했던 수많은 생물을 떠올리면 눈물이 앞을 가린다. 지방에서 거주할 때 우리 집 베란다는 생명체들로 언제나 가득 차 있었다. 숲에서 바다에서 별이는 매일같이 생물을 데려왔다. 채집은 어디서든 이루어졌다. 할머니 댁 마당에서 청개구리를 발견하면 잡아서 키웠고, 연못에서 올챙이를 보면 데려와 다리가 나올 때까지 관찰했다. 사마귀 약충을 발견하면 탈피해서 성충이 될 때까지 작은 메뚜기와 귀뚜라미를 먹이로 주면서 돌봤다.

나와 남편은 생물을 좋아하지도 않고 잘 키우지도 못하지만 무조건 집에 데려가겠다고 길길이 날뛰는 아이를 말릴 수 없었다. 채집한 생물을 가져오면 예쁘게 사육장을 꾸미는 것도 아이의 또 다른 취미였다. 베란다에는 다양한 크기의 빈

사육장들과, 사육장 안을 꾸며줄 돌, 나무토막, 먹이, 사료 그릇 등도 쌓여 있었다. 매일 사육통을 새로이 꾸리는 것이 별이의 작은 기쁨이었다.

아침저녁으로 사랑하는 도마뱀을 관찰하면서 별이는 저와 비슷한 점들을 찾아냈다.

"엄마, 크룽이가 패드 밑에 들어가서 누워있어요! 꼭 이불 덮고 누워있는 것 같죠?"

"그렇네. 우리 아들이랑 똑같네."

도마뱀을 관찰하고 보살피면서 별이는 어느새 진정한 반려동물의 주인이자 가족으로 성장하고 있었다. 처음엔 그저 신기해하기만 했던 도마뱀을 이제는 책임감을 가지고 돌보고 있다.

요즘 별이는 아침에 출근하는 나에게 다정하게 인사를 건넨다.

"엄마, 크룽한 하루 보내요~"

별이에게 '크룽하다'는 것은 매우 사랑스럽고 행복하다는 의미인 것을 알기에 나에게는 그 어떤 인사말보다도 달콤하게 들린다.

"아들도 크룽한 하루 보내렴~"

 **레프샘의 팁**

반려동물을 키우는 일은 아이의 스트레스를 완화하고 가족과의 소통을 늘릴 수 있는 좋은 기회가 됩니다. 더 나아가 아이가 책임감을 가지고 자기가 해야 할 일을 스스로 찾는 연습도 해볼 수 있어요. **반려동물을 데려오기 전에 아이와 충분히 대화하면서 이 동물을 꼭 데려와야 하는지, 힘들어도 계속 키울 수 있는지, 어떻게 돌볼 것인지, 어디서 키울 것인지 등 여러 이야기를 나눠보세요.** 반려동물 덕분에 아이와의 이야깃거리가 풍부해질 거예요.

책과 함께 놀기

　별이의 가장 친한 친구는 책이다. 심심할 때 함께 있어 주고, 즐거움을 함께 나누며, 가장 많은 시간을 함께 보내는 책. 별이는 가방에 책을 꼭 여러 권씩 넣어 다닌다.

　별이는 어렸을 때부터 책을 좋아하는 아이였다. 글자를 못 읽어도 그림 보는 것을 좋아했다. 산더미처럼 쌓아두고 그림책을 넘겨 보기도 하고, 책을 읽어달라며 밤새도록 "또", "다시"를 외치던 시절도 있다. 그렇게 책을 수없이 읽어줬지만 7살이 되어도 가나다를 못 읽는 아이를 보면서 걱정을 많이 했다. 책을 많이 읽어주면 글씨를 저절로 깨우치는 아이도 있다길래 내심 기대했지만, 별이에게 글자는 그림일 뿐이었다. 글자 배우기를 거부하고 그림만 보던 아이는 초등학교 입학을 앞둔 겨울에서야 겨우 한글 공부를 시작했다.

글을 너무 늦게 배워서 국어 시간에 힘들 거라 생각했던 아이는 의외로 읽는 것을 아주 좋아했다. 별이가 주로 보는 책은 도서관 400번대 자연과학책. 한동안은 누가 더 센지 겨루는 책만 끊임없이 읽었다. 저러다 머릿속에 온통 싸움만 가득한 것은 아닌지 걱정이 되었다. 매일 같은 분야의 책만 보는 별이를 위해 권장 도서나 주변에서 추천해 주는 좋은 책들을 샀다. 책 편식을 개선해 보고자 재밌는 그림책, 이야기책을 준비했다.

 하지만 돌아온 것은 별이의 날 선 반응이었다.

 "내가 보고 싶은 책 아니면 제발 사지 좀 마세요."

 몇 번 무안을 당한 이후론 책을 사지 않았다. 도서관에서 재밌어 보이는 책들을 빌려 오거나 학교 수업을 준비하면서 필요한 책들을 가져와서 거실에 널어두었다. 저를 위해 산 책은 관심이 없으면서 수업 자료로 쓸 책이라고 하면 궁금해하는 별이. 가끔은 동생이 보려고 빌려온 책에도 흥미를 보였다.

 별이의 독서법은 굉장히 독특했다. 생물 도감의 큰 글씨와 그림을 위주로만 읽었다. 대충 보고 휙휙 넘기는 모습을 보며 저렇게 띄엄띄엄 읽어서 뭘 알겠나 싶을 정도였다. 설명도 읽었으면 하는 엄마의 욕심과는 다르게 별이는 그림만 신나게 봤다. 두꺼운 도감도 책장을 빠르게 넘기며 훑다가 관심이 있는 생물이 나오면 가끔 작은 글씨들을 읽기도 했다.

그렇게 좋아하는 책 한 권을 여러 번 읽었다. 자주 반복해서 읽다 보니 나중엔 도감에 나오는 생물들을 순서대로 줄줄 외울 정도였다.

어린아이가 두꺼운 책을 읽고 있는 것만으로도 칭찬받았다. 그림만 보고도 이름을 술술 말하면 다들 놀라워했다.

"와~ 그림만 보고도 이름을 다 아네. 관찰력이 좋구나!"

사람들의 칭찬으로 별이는 뿌듯함을 느꼈다. 평소엔 칭찬받을 일이 없던 아이도 책을 들고 다니면 인정받을 수 있었다.

생물 도감은 보통 비슷한 종류의 생물을 묶거나 사는 곳 혹은 시대에 따라 생물을 분류해서 목차를 구성한다. 도감의 순서를 안다는 것은 목차를 꿰고 있다는 것, 다양한 생물들을 유목화할 수 있다는 것을 의미한다. 의도하지 않았지만, 별이는 목차를 외움으로써 생물 도감의 큰 틀을 머릿속에 넣을 수 있었다.

별이의 또 다른 독특한 독서 습관은 여러 권의 책을 동시에 읽는 병렬 독서법이다. 바닥에 여러 권을 펼쳐놓고 이 책

저 책을 넘나들며 읽어서 언제나 집이 어지러웠다. 식탁에서 이야기책을 보다가 방에 들어가서 생물 도감을 보고, 거실에서 만화책을 보다가 소파에서 그림책을 읽었다. 온 집이 별이가 펼쳐놓은 책으로 발디딜 틈이 없을 때도 있었다. 책 한 권을 진득하게 읽는 날이 거의 없었다.

"아들, 아까 그 책 벌써 다 읽었어?"

"아니요. 좀 지루해서요."

한 권을 끝까지 쭉 이어서 보면 지루하다는 별이를 보면서 주의력이 부족한 아이들은 책도 긴 호흡으로 읽기 힘들다는 것을 깨달았다.

신기한 건 책을 끝까지 읽지 않아도, 왔다 갔다 하면서 읽어도 독서 효과가 있다는 사실. 가끔 기분이 좋은 날이면 책 이야기를 해주는데 줄거리를 꽤 짜임새 있게 말했다. 이야기책 말고도 좋아하는 생물 도감이나 자연과학책도 내용을 잘 기억하고 있었다.

별이의 산만한 독서도 효과가 있다는 사실을 알게 된 후로 남편과 나는 널브러진 책들을 못 본 척했다. 하루 종일 바닥에 책을 널어둔 채로 왔다 갔다 하며 읽는 별이를 그냥 두고 정리는 밤에 한 번만 했다. 어차피 내일이면 다시 꺼내질 책들이지만.

학교에서도 책에서 본 내용을 발표해서 몇 번 인정을 받은 별이는 본격적으로 글밥이 많은 책도 읽어 나가기 시작했다. 역시나 진득하게 쭉 읽어 나가진 않는다. 앞부분 좀 읽다가 책을 뒤집어 놓는다.

"이건 식상해요. 너무 오래된 책인데, 주인공이 마음에 안 들어요."

심심한 주말 오후가 되면 별이는 거실을 어슬렁거리다 재미없다고 덮어뒀던 책을 다시 손에 집었다.

"할 게 없으니, 이거라도 읽어야지."

그렇게 반쯤 읽으면 성공이다.

"읽다 보니 생각보다 재밌어요. 유명할 만하네."

재미에 빠져들면 가끔은 미동도 안 하고 끝까지 읽을 때도 있었다.

별이에게 책은 외로움을 달래주는 친구이자 능력을 인정받을 수 있는 고마운 존재였다. 아침에도 쉬는 시간에도 점심시간에도 별이는 책을 읽을 수 있으면 좋다고 했다. 할 일 없는 주말에도 도서관에만 가면 신이 나는 아이. 책 덕분에 오늘도 혼자 놀기 성공!

 **레프샘의 팁**

『증상이 아니라 독특함입니다』에서는 ADHD가 있는 사람의 특별한 주의력 스타일을 소개합니다. **그들은 단시간 안에 많은 것을 알아차릴 수 있는 '돌아다니는' 주의력과 한 가지 관심사를 장시간 붙들고 있을 수 있는 '한곳에 머무는' 주의력을 가지고 있다고 합니다.**

별이가 여러 책을 넘나들며 독서할 수 있었던 것은 끊임없이 돌아다니는 주의력 덕분 아닐까요? 그리고 좋아하는 책을 반복해서 읽을 수 있었던 건 한곳에 머무는 주의력 덕분 아닐까요?

지금까지 집중력이 부족하다, 산만하다, 자기가 좋아하는 것만 하려고 한다는 온갖 부정적인 프레임으로만 봐 왔던 아이에게도 강점이 있다는 것이 놀라웠습니다. ADHD 친구들이 본인이 가진 특성을 살려서 학습할 수 있도록 조금은 너그러운 마음과 넓은 시선으로 아이를 바라볼 수 있으면 좋겠습니다.

아이를 움직이는
강력한 힘

 별이는 매일 똑같은 운동화를 신고 학교에 갔다. 사촌 형에게 물려받은 낡고 해진 운동화. 밑창도 닳아서 미끄럽고 복숭아뼈 아래쪽에도 천이 터져 있었다. 등교할 때마다 낡은 운동화가 마음에 걸려 새 운동화를 사줘도 매번 신던 신발만 신으려고 했다. 헌 신발에 꿀이라도 발라 놓은 것일까?

 별이가 헌 운동화만 신고 다니는 이유는 매듭 때문이었다. 매일 신고 다니는 낡은 운동화에는 특별한 매듭이 묶여 있었다. 자꾸만 풀리는 운동화 끈 때문에 끈 있는 신발을 신지 않으려고 하자 남편이 절대 풀리지 않을 거라며 묶어준 매듭이었다. 학교 가는 날은 꼭 그 신발을 신고 갔다. 풀리지 않는 매듭이라 걱정이 없었다.

 "어머니, 별이 신발 끈 묶을 수 있나요?"

"아니요. 하도 안 배운다고 난리 쳐서 아빠가 풀리지 않게 묶어줬어요."

"아, 그랬군요. 다음 주에 소근육 발달 활동으로 매듭 묶기를 해보려고 해요. 평소에 신는 운동화 가지고 수업에 오게 해주세요."

신발 끈 묶는 법을 가르치다 실패한 터라 감각통합치료사님의 이야기가 반가웠다. 치료사님은 별이에게 신발 구경을 시켜달라고 했다.

"별아, 너 절대 풀리지 않는 매듭이 묶인 신발이 있다며!"

"네, 절대 안 풀려요."

"진짜? 절대 안 풀려?"

"네, 그렇다니까요. 확인해 보실래요?"

치료사님의 계속되는 질문에 답답했는지 직접 신발을 가지고 왔다. 별이는 아빠의 매듭이 묶인 신발을 자랑스럽게 꺼내어 보였다. 치료사님은 이리저리 시도하다가 결국 매듭을 풀었다.

"뭐야, 매듭이 풀렸잖아? 선생님 어떻게 하신 거예요?"

그때부터 시작된 별이의 매듭에 대한 관심은 자연스레 수업으로 이어졌다. 긴 끈으로 귀여운 인형의 옷을 만들어 주는 활동이었다. 작고 귀여운 소품을 좋아하는 별이는 인형에 금세 마음을 빼앗겼다.

"인형 너무 귀여워요. 저도 인형 옷 만들어 주고 싶어요."

"그렇지? 다른 친구가 긴 끈으로 인형 옷을 만들어줬어. 우리가 인형 옷을 만들려면 친구가 이미 묶어 놓은 끈을 풀어야 하는데, 할 수 있을까?"

"풀기 쉬워 보이는데요. 제가 한번 풀어볼게요."

별이는 귀여운 인형에 새로운 옷을 입혀주고 싶은 마음에 매듭 풀기에 열중했다. 한참을 낑낑거리다가 매듭 풀기에 성공. 드디어 옷을 입혀줄 기회가 생겼다.

"별이가 이제 마음껏 새 옷을 만들어줘. 마지막에 매듭을 꼭 단단히 묶어줘야 옷이 풀리지 않겠지? 다음 수업 시간에 오는 친구가 별이가 만든 인형 옷 매듭 풀기에 도전할 거야."

친구들이 도전한다는 말에 아이의 의욕이 확 올라갔다.

"아무도 풀 수 없는 매듭을 만들 거예요. 그런데 저 매듭 묶을 줄 모르는데. 알려주세요."

별이 입에서 알려달라는 말이 자발적으로 나왔다. 아이에게 무언가 새롭게 가르치는 일보다 어려웠던 것은 배우려는 마음, 동기를 가지게 하는 것이었다. 새로운 것을 접할 때마다 해보지도 않고 뒷걸음치는 별이가 안쓰러우면서도 답답했다. 자전거를 배울 때도 젓가락질을 배울 때도 이런 걸 왜 배워야 하냐며 필요 없다는 아이와 실랑이하다가 진이 빠지기 일쑤였다.

"엄마, 나 오늘 인형 옷 멋지게 입혀 줬어요. 세 가지 색을 활용해서 화려하게 꾸몄어요. 매듭을 너무 세게 묶어놔서 다른 친구들이 풀기 힘들 것 같아요."

물어보지 않아도 오늘 수업에 대해서 계속 이야기하는 별이는 한껏 들떠 보였다.

"선생님, 별이가 매듭 묶기 성공했나 봐요."

"네, 자꾸만 헷갈려서 애먹긴 했는데 마지막엔 혼자서 묶었어요."

"저희가 집에서 그렇게 알려주려고 해도 거부했던 건데, 너무 신기하네요."

"별이는 어려운 과제를 만나면 회피하려는 성향이 강해요. 자꾸만 옆에서 들이밀면 역효과가 날 수도 있죠. 아이가 해보고 싶은 마음이 생기도록, 할 수 있을 것 같은 자신감이 생기도록 환경설정을 해주는 것이 중요해요."

우리가 평소 아이들에게 자주 사용하는 칭찬이나 인정 같은 외적동기보다 더 강력한 힘이 있다는 것을 이번 수업을 통해서 배웠다. 바로 '내가 저 끈을 풀리지 않게 묶고 싶은데 어떻게 하면 될까?' 하는 내적동기다.

 아이 스스로 해내고 싶은 마음이 생기니 옆에서 시키지 않아도 해결해 보려고 애를 썼다. 고민하는 아이에게 살짝만 조언을 줘도 집중해서 배우는 모습을 볼 수 있었다. 엄마나 선생님이 시켜서 하는 일, 칭찬받으려고 하는 일이 아니라 자기가 원해서 하는 일이기 때문에 과제가 어려워도 계속해서 도전했다. 그리고 해냈을 때 성취감도 훨씬 컸다.

 **레프샘의 팁**

난생처음으로 신발 끈을 혼자 묶은 아이를 보면서 『데일 카네기의 인간관계론』에서 봤던 구절이 떠올랐습니다.

이 세상에서 누군가가 무언가를 할 수 있게 만드는 방법은 오직 단 하나뿐이다.

바로 '그 사람이 그 일을 하고 싶게 만드는 것'이다.

이 방법 외에 다른 방법은 없다는 사실을 반드시 기억하길 바란다.

엄마는 왜
오빠한테만 친절해요?

 지속적인 치료가 필요한 아이를 키우다 보면 다른 가족들에게 소홀해지기 쉽다. 별이는 요즘 매주 2번 놀이치료와 감각통합치료를 받으러 상담센터에 간다. 한 달에 한 번은 약을 받으러 병원에 가야 한다. 부모 상담도 같이 진행되다 보니 모든 일정은 퇴근 시간 이후 저녁에 진행된다. 피곤한 아이를 데리고 저녁에 센터에 왔다 갔다 하는 것도 힘들지만, 가장 어려운 일은 둘째를 돌봐줄 사람이 없다는 것이다.

 딸이 저학년일 때는 별이와 함께 센터에 데리고 다녔다.

 "나도 엄마랑 같이 갈래요."

 오빠가 엄마랑 둘이 나가는 걸 서운하게 생각했던 딸은 항상 나를 따라다녔다.

 "엄마, 왜 오빠만 수업받아요?"

"오빠에게 꼭 필요한 수업이라서 배우러 온 거야. 사람마다 각자 필요한 게 다르거든. 우리 딸은 키 크고 싶어서 줄넘기 배우잖아."

별이가 수업받는 동안 딸은 센터에서 간식도 먹고 숙제도 하고 잠도 자면서 시간을 보냈다. 중학년이 되자 오빠가 센터 가는 날은 학원을 많이 보내달라고 했다.

"오빠 따라가는 건 재미없어요. 그런데 엄마가 없는 집에 혼자 있는 건 무서워요. 차라리 학원에 많이 다닐래요."

별이를 데리고 상담센터에 다녀오는 동안 딸은 저녁 7시가 되도록 학원에 남아있기도 했다. 딸에게 신경을 제대로 써주지 못한 것 같아서 미안했다.

센터에 다녀온 날은 매우 지친다. 저녁 늦게 돌아오면 집이 엉망이다. 아침에 출근할 때 차려놓은 밥상이 그대로 식탁에 올려져 있고, 거실엔 아이들이 아침에 벗어놓고 간 옷가지가 널려있다. 배는 고픈데, 집에 당장 먹을 음식도 없다. 급하게 집을 정리하고 저녁을 준비하다 보면 마음이 뾰족해진다. 아이들도 마찬가지일 것이다.

학교 갔다가 학원 갔다가 센터까지 다녀온 별이는 집에 오면 축 늘어진 배추처럼 바닥에 달라붙는다.

"엄마 저는 더 이상 못 움직이겠어요. 너무 힘들어요."

"그래, 우리 아들 고생했네. 얼른 쉬어라."

늘어진 별이에게 다정한 말을 건네면 딸이 한마디 거든다.

"내가 더 힘들거든! 나도 학원 많이 다녀왔단 말이야."

"그래, 우리 딸 정말 수고했네. 공부하느라 애썼어."

서로 더 힘들어 경연이 끝나면 늦은 저녁을 먹는다. 모두 힘든 저녁을 토닥이며 평화롭게 밥을 먹고 싶지만, 딸은 자꾸만 오빠를 콕콕 찌른다.

"오빠, 학원 숙제는 다 했어? 옷은 갈아입고 밥 먹어야지. 오빠, 그거 내가 먹을 거야."

자꾸만 지적하는 동생을 몇 번 눈감아주다 결국 별이가 화를 냈다.

"야, 왜 자꾸 참견이야. 내가 알아서 할 테니까 그냥 놔둬."

"딸, 오빠한테는 엄마가 이야기할게. 딸은 얼른 밥 먹어."

아이들의 티격태격하는 소리가 유난히 견디기 힘든 밤이다. 최선을 다해 심호흡하면서 화내지 않으려고 애썼다. 딸을 다정하게 타일렀다고 생각했다.

"엄마는 왜 맨날 오빠한테만 친절해요? 나한테는 화만 내고. 어차피 나 같은 건 필요 없잖아. 나 삐졌어요."

울면서 이불 속에 쏙 들어가 버리는 모습을 보며 당황스러웠다. 내가? 별이한테만 친절하다고? 딸한테 화를 냈다고? 난 정말 친절하게 말했는데. 처음엔 억울한 마음이 들었다. 딸이 소외감 느끼지 않게 하려고 내가 얼마나 애를 썼는데, 괜히 피곤하고 힘드니까 트집을 잡는 거 아닌가 싶었다.

그 후로 서운해하는 딸을 보면서 내 자신을 관찰했다. 내가 정말 별이에게만 친절한가? 딸에게 화를 내는가? 되짚어 생각해 보니 별이와 딸을 대하는 기준점이 달랐다. 별이에게 내가 기대하는 것은 매우 적었다. 아침에 눈만 떠도 기특하고, 혼자서 옷만 입어도 고마웠다. 하지만 딸에겐 '학원 가방은 챙겼니? 물통은 스스로 챙겨야지', '얼른 밥 먹고 머리 묶자', 하며 끊임없이 요구했다. 혼자서도 야무지게 잘하는 딸이기에 나도 바라는 바가 더 많았던 것 같다.

밤에도 비슷했다. 바닥에 붙어있는 별이를 볼 때는, 별이가 화내지 않고 편안하게 누워있음에 감사하는 나였다. 그러나 딸에게는 '숙제는 다 했니? 준비물은 미리미리 챙겨야지, 물은 스스로 떠다 먹어, 샤워하고 물 닦고 머리 말리는 것은 혼자서 하는 거야.' 같은 말을 건넬 뿐이었다. 긴 하루를 보내고 온 딸에게 나는 할 일을 점검하고 보고받는 직장 상사 같았을 것이다. 딸이 서운했던 건 오빠에게는 한없이 허용적이면서 자기에게는 엄격하게 대하는 나의 태도 아니었을까?

내 이중적인 태도를 깨닫고 나니 미안했다. 딸이 바란 건 따뜻하게 품어주는 엄마의 모습이었을 텐데. 엄마인 내가 그걸 몰라줬으니. 이젠 딸이 말도 안 되는 억지를 부리면 엄마의 사랑이 필요하다는 신호로 받아들인다.

"엄마는 우리 딸이랑 같이 있는 게 정말 좋아. 딸이 속상해하니까 엄마도 속상하다. 엄마가 어떤 걸 같이 해줄까?"

입을 삐죽삐죽하던 딸은 꼭 안아주면 금세 마음이 풀린다. 오늘 하루 있었던 일을 조근조근 말해 주는 딸이 참 고맙고 예쁘다.

 **레프샘의 팁**

아이 하나만 돌보기도 바쁜 시대에 둘, 셋을 키우려면 엄마의 몸이 열 개라도 부족합니다. 엄마의 시간과 사랑을 공평하게 나눠주면 좋으련만 손이 많이 가는 아이를 챙기다 보면 다른 아이가 서운한 일이 생기기 마련이죠.

엄마의 사랑을 정확히 반으로 나눠줄 수는 없지만, 집중해서 줄 수는 있어요. 선인장이 한 번에 물을 듬뿍 머금고 긴 시간을 물을 받지 않아도 건강하게 살아가는 것처럼, **아이가 엄마의 사랑에 목말라할 때는 한 아이에게 사랑을 듬뿍 주세요. 세상에 나와 아이 둘만 있는 것처럼 온 마음을 다해서 사랑을 전하세요.** 짧지만 큰 사랑을 받은 아이는 엄마가 일하느라 바쁘거나 다른 형제자매에게 관심과 사랑을 쏟을 때에도 이겨낼 수 있습니다.

우리 아이들의 몸과 마음이 건강하게 자라날 수 있도록 따뜻하고 온전한 사랑을 가득 채워주세요.

당신 닮아서 그래

　우리 부부만의 불문율이 있다. 육아를 하며 아이들 앞에서 서로를 탓하거나 깎아내리는 말을 하지 않기다. 남편에게 화가 나는 날은 목구멍까지 거친 말들이 올라오기도 하지만 입 밖으로 내놓지 않고 꿀꺽 삼킨다. 우리에게도 서로를 비난하고 탓했던 시절이 있었다. 유난히 예민하고 화가 많은 별이를 키우면서 나는 매일 입버릇처럼 이렇게 말했다.

　"너는 누구를 닮아서 그러니?"

　육아휴직을 하고 온전히 아이를 전담해서 키우면서 열심히 노력해도 안 되는 것이 있다는 것을 처음으로 깨달았다. 갑자기 울고 화를 내는 별이와 하루 종일 씨름하다 보면 정신이 아득해졌다. 남편의 퇴근 시간이 되면 아이를 안고 하염없이 현관문만 바라봤다. 남편이 얼른 돌아오기를 애타게 기다렸다. 도착해야 하는 시간이 5분만 지나도 마음속에서는 속상한 마음이 스멀스멀 피어올랐다. 내가 이렇게 고생하고 있는 걸 몰라주는 것 같았다.

"어디야? 왜 안 와?"

"지금 가고 있어."

"그럼 늦게 온다고 말했어야지. 내가 오늘 얼마나 힘들었는지 알아?"

"왜, 또 아들이 말을 안 들었어?"

"몰라, 도대체 왜 그러는 건지 이해가 안 돼."

"이상하다. 나는 어렸을 때 안 그랬는데."

"뭐? 그럼 내가 그랬다는 거야?"

별이의 이해할 수 없는 행동들을 보며 답답하고 힘든 마음을 남편이 알아주기를 바랐었다. 친정어머니에게 말하자니 딸자식 고생한다고 속상해하셔서 매일 하소연하기도 미안했다. 친구들에게 말하자니 다들 아이가 없어서 공감하기 어려워했다. 동네에서 육아 친구를 사귀어보려고 노력했지만, 별이가 다른 아이들과 노는 것을 힘들어했다. 외톨이가 된 나는 아이와 단둘이 무인도에 남겨진 것 같았다. 나의 유일한 소통 창구는 남편이었다.

남편에 대해 심리적으로 의존할수록 불만도 서운함도 더 커졌다. 아빠랑 똑 닮은 아이를 볼 때마다 마음이 따끔거렸다. 별이가 아침에 못 일어나는 것도 다른 사람 말에 귀 기울이지 않는 것도 자기 멋대로 행동하는 것도 아빠를 닮은 것 같았다.

"아들이 아빠를 닮아서 그래."

나의 뾰족한 말이 남편을 자꾸 찌르니 남편도 나를 아프게 꼬집었다.

남편의 늦은 귀가에 화를 내는 나에게, "아들이 예민한 건 엄마를 닮아서 그런 것 같은데?"

실수로 물건을 떨어뜨리면, "대근육, 소근육 발달이 늦은 건 엄마 닮아서 그런 거네."

남편과 나의 '너 닮아서 그래'는 서로를 끝도 없이 추락시켰다. 나중에는 정말 별이가 나의 안 좋은 점을 닮아서 문제가 있는 거 아닌가 진지하게 고민됐다. 내가 조금만 더 무던했어도, 조금만 더 꼼꼼했어도 별이가 이렇게까지 힘들게 하지는 않았을 텐데. 어딜 가나 눈에 띄는 별이의 행동 때문에 낮아진 자존감이 나를 더 괴롭게 했다.

우리가 서로에 대한 비난을 멈추게 된 건 별이 덕분이었다.

"아빠는 왜 이렇게 게을러요? 맨날 늦잠만 자고, 아빠 때문에 주말에 아무 데도 못 가잖아요."

밤새워 일하고 들어와서 피곤한 남편에게 쏘아붙이듯이 말하는 아이. 어디서 많이 들어본 말이었다. 내가 자주 했던 말들을 별이가 똑같이 따라 하고 있었다. 친정집에 가서도 별이는 할머니, 할아버지에게 마구 이야기를 늘어놓았다.

"제가 아빠를 닮아서 화를 잘 내요. 이게 다 아빠 때문이에요."

뭔가 잘못되어 가고 있었다. 시댁에 가서도 별이가 한몫을 했다. 저녁 밥상을 차리려는 안방에 책을 잔뜩 널어놓고 치우지 않는 아이를 보면서 시어머니가 말했다.

"별아, 이거 얼른 치워야지. 이제 밥 먹어야 하는데 이렇게 두면 어떡하지?"

"제가 엄마 닮아서 치우는 걸 싫어해요. 우리 집은 더 더러워요."

별이의 말에 얼굴이 화끈거렸다. 남편과 나의 모진 말들을 아이가 다 듣고 있었다.

집에 돌아와 곰곰이 생각해 봤다. 남편과 나의 목표는 같다. 아이들을 잘 키우는 것, 행복한 가정을 꾸리는 것.

별이가 누구를 닮았는지 따져보는 것이 우리의 목표를 달성하는 데 필요한 일인가? 전혀 상관없는 일이었다. 별이가 남편을 닮았든 나를 닮았든 열심히 키우면 되는 거였다. 서로를 비난해서 상처받는 것은 결국 우리 아이였다.

그날부터 우리는 평화협정을 맺었다. 육아 동지로서 아이의 건강한 성장을 위해 든든한 조력자가 되기로 했다. 별이의 행동이 아무리 마음에 들지 않아도 그것을 가지고 서로를 탓하지 않기로 했다. 가끔 시어머니나 친정어머니가 물어본다.

"별이 너는 누굴 닮아서 그러냐? 너희 엄마 아빠는 안 그랬는데."

"엄마, 솔직히 나도 어렸을 때 속 많이 썩였잖아요. 나도 종종 사고 쳤어요."

"그랬나? 잘 기억이 안 나네."

"원래 다 지나고 보면 좋은 기억만 남고 그러는 거예요."

아이를 혼자가 아닌 둘이 키울 수 있어서 다행이다. 언젠가는 남편과 힘들었던 육아에 대해 함께 이야기 나누며 추억할 날이 오겠지?

레프샘의 팁

아이를 키우다 보면 나의 부족한 점이 아이와 겹쳐 보일 때가 있어요. 이것만은 제발 닮지 않았으면 하는 점들만 어떻게 그렇게 쏙쏙 닮았는지. 나도 잘 못하지만, 아이가 똑같이 못하는 것을 보면 두 배로 화가 납니다. 배우자의 단점도 아이가 그대로 닮는 경우도 많습니다. 아이는 엄마 아빠의 단점들만 가져간 걸까요?

아니요. 아이가 가진 수많은 장점 중에는 엄마 아빠의 좋은 점을 닮은 것도 많습니다. **우리가 시선을 단점에 맞추고 있기 때문에 아이의 부족한 점만 보이는 겁니다. 우리의 프레임을 바꿔서 장점에 초점을 두고 아이를 바라본다면 나와 배우자의 탁월한 면을 닮은 사랑스러운 아이를 발견할 수 있을 거예요.**

평온한
엄마의 마음을 위하여

아이를 낳고 키우면서 나의 모든 관심은 육아에 있었다. 휴직하고 아이에게 전념하면서 매일 아이를 잘 키우기 위한 방법을 찾았다. 책을 빌리고 카페에 가입하고 주변에 물어보면서 조금이라도 더 잘 키워내려고 노력했다.

"아이가 책을 좋아하려면 어떻게 해야 할까요?"

"친구들과 사이좋게 지내려면 어떻게 해야 할까요?"

"키가 크려면 어떻게 해야 할까요?"

모든 관심이 아이에게 가 있다 보니 내 인생의 목표도 자연스레 성공한 육아가 되었다. 특히 별이의 ADHD 치료를 시작하면서부터는 더 아이에게 매달렸던 것 같다. 연말에 세우는 연간 목표엔 항상 별이가 들어가 있었다.

가족 연간목표

별이의 학교생활 적응

별이의 자기주도적 학습

별이의 원만한 대인관계 형성

남들보다 일찍 한 결혼과 출산이었기에 나의 시간을 아이의 성장으로 증명하고 싶었다.

'우리 아이 잘 컸죠? 저 나름 괜찮은 엄마예요.'

문제는 들어간 시간과 돈, 나의 노력 대비 결과가 좋지 않다는 것! 휴직하고 모든 정성을 다해 아이를 키웠는데 우리 아이가 ADHD라니.

"누구 아들은 영어 원서를 읽는대." "아랫집 딸은 수학 영재원 다닌대." "옆집 아이는 전교 회장이라던데." 주변에서 들려오는 수많은 엄친아, 엄친딸 이야기가 나를 작아지게 했다. 왜 이렇게 훌륭한 아이들이 많은지, 나도 분명 열심히 했는데 한참 부족해 보였다. 누가 나에게 "아들은 잘 크고 있죠?"라고 물어보면 괜히 심장이 조마조마했다.

"네, 건강하게 잘 크고 있어요."

단지 안부를 묻는 표현에도 우리 아이의 성과를 보여달라는 것처럼 느껴지니, 엄마로서 나의 자존감이 많이 낮아져 있었다.

그때 읽었던 『카네기 행복론』에 소개된 라인홀드 니버의 기도문이 마음을 다독이는데 큰 도움이 됐다.

"주여! 제게 평온한 마음을 내려 주소서.
바꿀 수 없는 일은 받아들이게 하여 주시고
바꿀 수 있는 일은 바꾸는 용기를 주소서.
그리고 이 둘을 구별하는 지혜를 주소서."

이 기도문을 읽으면서 내 마음이 힘든 이유, 내가 지금 행복하지 않은 이유를 알아차렸다. 별이를 내가 원하는 대로 키우고 싶은데 내 마음대로 안 되는 상황이 힘들고 괴로웠다. 내가 아무리 열심히 애를 써도 아이가 따라와 주지 않으면 이룰 수 없는 목표가 있다는 것을 이 기도문을 읽으면서 깨달았다.

나에게 필요한 것은 내가 바꿀 수 없는 일과 바꿀 수 있는 일을 구분하는 것이구나. 나의 노력으로 아이의 행동을 바꿀 수 있다고 생각한 것은 나의 잘못된 판단이었다. 별이가 ADHD 판정을 받은 것은 내가 열심히 한다고 바꿀 수 있는 것이 아니었다. 시간 맞춰 등교하는 것도, 수업 시간에 집중하는 것도, 친구들을 만나는 것도, 상담을 받는 것도 모두 별이가 스스로 할 수 있는 일이었다.

내 마음이 힘든 이유를 알아차리자 한결 평온해졌다. 가만히 앉아서 생각해 봤다. 엄마로서 내가 바꿀 수 있는 것은 무엇이고 바꿀 수 없는 것은 무엇일까?

바꿀 수 없는 것	바꿀 수 있는 것
ADHD	나의 마음가짐
별이의 마음	나의 말
별이의 성적	나의 행동
별이의 친구	

바꿀 수 없는 것과 있는 것을 적고 나니 내가 무엇을 해야 할지가 보였다. 나는 아이 인생의 조력자구나. 내가 바꿀 수 있는 것은 나뿐이었다. 아이의 상태를 있는 그대로 받아들이는 것이 먼저였다. 남의 시선이나 평가를 떠나서 아이를 온

전히 마음으로 품어주는 것은 내가 할 수 있는 일이었다. 그리고 별이가 필요하다면 원하는 것을 이룰 수 있도록 옆에서 도와주면 되는 일이었다.

별이에 대한 주변의 평가에서도 조금은 자유로워졌다. 명절에 오랜만에 만난 친척들의 단골 질문에 여유롭게 웃으며 대답할 수 있게 됐다.

"아들은 공부는 잘하고 있니? 앞으로 뭐 하고 싶대?"

"글쎄요. 앞으로 본인이 좋아하는 거 하고 살면 좋지 않을까요? 자세한 것은 별이에게 직접 물어보세요."

종종 만나는 친구들이나 직장동료들의 질문에는 최대한 담백하게 대답한다.

"아들은 잘 크고 있어? 요즘은 속 안 썩여?"

"네. 무럭무럭 잘 크고 있어요. 자기 나름대로 충실히 살고 있어요."

그들이 하는 질문이 별이에 대한 평가와 비난이 아님을, 나에 관한 관심의 표현임을 알기에 가볍게 받아들이기로 했다. 그리고 나도 그들에게 질문한다.

"건강은 좀 괜찮으세요? 요즘은 어떤 운동하세요? 무슨 음식을 즐겨 드세요?"

사람들은 생각보다 더 자신에 대해 관심을 두는 것을 좋아한다. 아이들에 대한 관심사에서 자연스럽게 우리, 나에 대한 관심사로 이야기를 옮겨오면 대화가 즐거워진다.

아직도 많은 것이 내가 바꿀 수 있는 것인지, 바꿀 수 없는 것인지 구별하기 쉽지 않다. 그래도 '아이의 삶은 아이의 것'이라고 생각하면서 엄마로서 내가 할 수 있는 것들에 충실하려고 노력 중이다. 나의 마음이, 이 세상 모든 엄마의 마음이 평온해지기를 바라본다.

 **레프샘의 팁**

"엄마의 마음에 영양분을 듬뿍 줘야 합니다. 그 마음에 여유가 있을 때 아이에게 줄 수 있는 것이 더욱 많아집니다."

『나는 충분히 괜찮은 엄마입니다』에서 발견한 반가운 문장입니다. 엄마의 편안한 마음이 아이에게 좋은 영향을 준다고 말하는 작가님에게 진심으로 고마웠습니다. 하루 종일 아이를 위해 뛰어다니며 고군분투하는 엄마들에게 조금만 덜 열심히 살자고 말하고 싶었어요.

아이의 마음을 듬뿍 채워주는 것도 중요하지만 엄마 스스로를 건강하게 돌보는 것이 더 먼저라는 것!

나를 행복하게 하는 것은 무엇인지 생각해 보며 나를 위한 시간을 마련해 보세요. 나를 사랑하고 돌봐줄 때 우리 아이도 행복한 감정을 느끼고 편안함을 경험할 수 있습니다.

Epilogue

아이의 성장을 응원합니다

"엄마, 잘 주무셨어요?"
"우리 아들 잘 잤어? 요즘 좀 빨라졌다?"
"그렇죠? 저 잘하고 있죠? 이 정도면 훌륭한 아들이죠?"
"충분해 아들, 아주 훌륭해."

ADHD 진단을 받은 지 3년 차. 약물치료와 놀이치료, 감각통합치료를 병행하고 있는 별이는 요즘 평화로운 일상을 보내고 있다. 기분 좋게 일어나서 웃음 짓는 것을 보면 나도 덩달아 행복해진다. 이렇게 평온한 아침을 얼마나 꿈꿔왔던가. 매일 아침 울면서 출근하던 시간이 아득하게 느껴진다.

아침 내내 별이와 실랑이를 하며 얼굴을 붉히다가 출근길 차에 오르면 눈물이 쏟아졌다. 내가 이렇게까지 힘들게 살아야 하나, 일은 해서 뭐하나 하는 회의감과 아이에게 아침부터 모진 소리를 퍼부었다는 사실에 자괴감이 밀려왔다.

ADHD 치료를 시작했지만 아이는 여전히 산만했고, 부정적인 말들을 쏟아냈다. 놀이치료를 받았더니 아이가 화를 안 내요, ADHD 약을 먹었더니 갑자기 공부를 잘하게 됐어요, 라는 건 말도 안 되는 이야기였다. 별이는 조금 나아지는 것 같다가 다시 심해졌다. 앞으로 한발 나아갔다가 뒤로 물러나기를 여러 번 반복했다. 이번 주는 좀 살 것 같다가 다음 주는 다시 못 견딜 것 같은 일상의 연속이었다.

"어머니, 치료의 과정은 매끄러운 직선이 아니에요. 아주 울퉁불퉁하고 구불구불한 산길을 올라가는 과정이에요. 앞으로 가다가 미끄러지기도 하고 구덩이에 빠지는 날도 있어요. 갈림길에 잘못 들어 다시 왔던 길을 돌아가야 하는 때도 있죠. 그렇게 앞으로 조금씩 가다 보면 어느 순간 산 중턱에 와 있는 것을 알아차리게 돼요."

놀이치료사님이 매번 그려주던 그림이 참 잔인하게 느껴졌다. 이 치료의 과정들이 과연 끝은 있긴 한 걸까? 언제까지 지속할 수 있을까? 남편과도 이 문제로 몇 번의 의견 다툼이 있었다. 뭐가 정답인지 알 수 없었지만, 아이를 위한 더 나은 선택을 하려고 노력했다. 덕분에 딱딱하게 굳어 있는 바위 같던 별이는 이제 말랑한 찹쌀떡이 되었다. 시간은 많이 걸렸지만 분명 아이는 성장해 있었다.

아직 별이의 치료는 끝나지 않았다. 여전히 진행 중이다. 수업 시간에 집중하기가 어려워 선생님 말을 놓치기도 하고 활동 속도가 느려 집에 나머지 활동을 가져오기도 한다. 혼자서 하염없이 끈을 돌리며 휴식을 취하고, 친구 대신 책과 함께 논다. 그래도 별이는 치료를 받기 전보다 훨씬 편안해 보인다. 안정을 찾은 별이 덕에 우리 가족도 평화로운 일상을 보내는 날들이 많아졌다.

별이의 ADHD가 우리 가족을 거친 폭풍우 속에 던져넣었다고 생각했다. 하지만 지나고 보니 별이 덕분에 그동안 쌓였던 갈등, 말하기 힘들었던 문제들까지도 함께 들여다보고 소통할 수 있게 되었다. 이제 한바탕 폭풍우가 지나가고 따스한 햇살이 우리를 비춘다. 언제 다시 비바람이 몰아칠지 모르지만, 힘든 시간을 같이 이겨내면서 끈끈해진 우리 가족이라면 또 다른 시련도 얼마든지 이겨낼 수 있을 것 같다.

"엄마, 오늘 겨울방학 책 만들기를 했어요. 시간이 부족해서 집에서 완성해 가려고 가져왔어요."

별이가 가져온 미니 북 표지엔 초콜릿 힐을 바라보며 서 있는 다정한 우리 가족의 뒷모습이 그려져 있었다.

"와~ 그림만 봐도 즐거운 마음이 한껏 느껴진다."

"그렇죠? 겨울방학에 가기로 한 보홀 여행을 떠올리며 그렸어요."

앞으로 다가올 방학을 기대하는 마음으로 아이의 성장을 응원하고 싶다. 우리 아이뿐만 아니라 내가 만나는 ADHD 아이들, 그리고 학교에서 또 가정에서 어려움을 겪고 있는 다른 아이들도 지지와 응원을 받으며 사랑 가득한 아이로 성장하길 바란다.

'상처 많은 꽃잎들이 가장 향기롭다.'라는 정호승 시인의 시구절처럼 특별한 아이를 키우는 우리의 마음에도 아름다운 향기가 가득할 거라 믿는다.

참고도서

앤서니 브라운, 『축구선수 윌리』, 허은미 옮김, 웅진주니어, 2019.
유현준, 『공간의 미래』, 을유문화사, 2021.
김효원, 『모든 아이는 예민하다』, 글항아리, 2024.
앨릭스 코브, 『우울할 땐 뇌 과학』, 정지인 옮김, 심심, 2018.
이사비나, 『우리 아이가 ADHD라고요?』, 빈티지하우스, 2024.
신윤미, 『ADHD 우리아이 어떻게 키워야 할까』, 웅진지식하우스, 2022.
이영민, 『흔들리지 않고 ADHD 아이 키우기』, 팜파스, 2015.
토머스 암스트롱, 『증상이 아니라 독특함입니다』, 강순이 옮김, 새로온봄, 2019.
데일 카네기, 『데일 카네기의 인간관계론』, 윤효원 옮김, 메이트북스, 2024.
데일 카네기, 『카네기 행복론』, 최염순 옮김, 씨앗을뿌리는사람, 2004.
김선엽, 『나는 충분히 괜찮은 엄마입니다』, 서교출판사, 2024.
정호승, 『수선화에게』, 비채, 2015.

선생님도 어렵다 **별난 아이 키우기**

초판 1쇄 인쇄 2025년 4월 7일
초판 1쇄 발행 2025년 4월 15일

지은이	정송희
펴낸이	정용철
편집	이민애, 박혜빈, 강시현
디자인	Heeya
영업·마케팅	이성수, 권지은, 윤현주, 정황규
경영지원	김상길, 김나현
펴낸곳	㈜좋은생각사람들
주소	서울시 마포구 월드컵북로22 영준빌딩 2층
이메일	book@positive.co.kr
출판등록	2004년 8월 4일 제2004-000184호
ISBN	979-11-93300-20-6 (03590)

• 책값은 뒤표지에 표시되어 있습니다.
• 이 책의 내용을 재사용하려면 반드시 저작권자와 (주)좋은생각사람들 양측의 서면 동의를 받아야 합니다.
• 잘못 만들어진 책은 구입하신 곳에서 바꿔 드립니다.

좋은생각은 긍정, 희망, 사랑, 위로, 즐거움을 불어넣는 책을 만듭니다.

positivebook_insta   www.positive.co.kr

별별 노트

별난 아이와 함께하는 특별한 하루 일기

이렇게 활용해 보세요

아이가 즐거워하거나 몰입했던 순간, 힘들어하고 화가 난 순간을 집중 관찰하며 기록해 보세요.
단 일주일만 기록해도 아이의 문제행동 패턴이나 감정이 폭발하는 트리거를 찾는 데 큰 도움이 됩니다.

부모님 아이의 하루 생활 & 감정 기록
선생님 수업 중 행동 & 집중 패턴 기록

QR 코드를 스캔하면 별별 노트 양식을 추가로
다운받아 사용 가능합니다.

_____년 _____월 _____일 _____요일 날씨 _____

오늘의 긍정 확언
건강한 하루를 보낼 수 있어서 감사합니다.

오늘의 컨디션은?

오늘의 목표는?

오늘 아이가 가장 즐거워한(몰입한) 순간은?

오늘 아이가 가장 힘들어한(화가 난) 순간은?

아이에게 해주고 싶은 격려의 말 한마디

_____년 _____월 _____일 _____요일 날씨 _____

오늘의 긍정 확언
나는 여유로운 마음으로 기다릴 수 있습니다.

오늘의 컨디션은?

오늘의 목표는?

오늘 아이가 가장 즐거워한(몰입한) 순간은?

오늘 아이가 가장 힘들어한(화가 난) 순간은?

아이에게 해주고 싶은 격려의 말 한마디

_____년 _____월 _____일 _____요일 날씨 _____

오늘의 긍정 확언

나는 어려움을 이겨낼 힘이 있습니다.

오늘의 컨디션은?

오늘의 목표는?

오늘 아이가 가장 즐거워한(몰입한) 순간은?

오늘 아이가 가장 힘들어한(화가 난) 순간은?

아이에게 해주고 싶은 격려의 말 한마디

_____년 _____월 _____일 _____요일 날씨 _____

오늘의 긍정 확언
기쁜 마음으로 하루를 시작할 수 있어서 행복합니다.

오늘의 컨디션은?

오늘의 목표는?

오늘 아이가 가장 즐거워한(몰입한) 순간은?

오늘 아이가 가장 힘들어한(화가 난) 순간은?

아이에게 해주고 싶은 격려의 말 한마디

_____년 _____월 _____일 _____요일 날씨 _____

오늘의 긍정 확언

나는 아이의 내일이 기대됩니다.

오늘의 컨디션은?

오늘의 목표는?

오늘 아이가 가장 즐거워한(몰입한) 순간은?

오늘 아이가 가장 힘들어한(화가 난) 순간은?

아이에게 해주고 싶은 격려의 말 한마디

_____년 _____월 _____일 _____요일 날씨 _____

오늘의 긍정 확언
나는 힘들 때 주변에 도움을 요청할 수 있습니다.

오늘의 컨디션은?

오늘의 목표는?

오늘 아이가 가장 즐거워한(몰입한) 순간은?

오늘 아이가 가장 힘들어한(화가 난) 순간은?

아이에게 해주고 싶은 격려의 말 한마디

_____년 _____월 _____일 _____요일 날씨 _____

오늘의 긍정 확언
오늘 하루 환하게 웃을 수 있어서 감사합니다.

오늘의 컨디션은?

오늘의 목표는?

오늘 아이가 가장 즐거워한(몰입한) 순간은?

오늘 아이가 가장 힘들어한(화가 난) 순간은?

아이에게 해주고 싶은 격려의 말 한마디

_____년 _____월 _____일 _____요일 날씨 _____

오늘의 긍정 확언
나는 아이의 성장을 응원할 힘이 있습니다.

오늘의 컨디션은?

오늘의 목표는?

오늘 아이가 가장 즐거워한(몰입한) 순간은?

오늘 아이가 가장 힘들어한(화가 난) 순간은?

아이에게 해주고 싶은 격려의 말 한마디

_____년 _____월 _____일 _____요일 날씨 _____

오늘의 긍정 확언
나는 솔직하고 용감하게 말할 수 있습니다.

오늘의 컨디션은?

오늘의 목표는?

오늘 아이가 가장 즐거워한(몰입한) 순간은?

오늘 아이가 가장 힘들어한(화가 난) 순간은?

아이에게 해주고 싶은 격려의 말 한마디

_____ 년 _____ 월 _____ 일 _____ 요일 날씨 _____

오늘의 긍정 확언
나는 다른 사람의 말을 경청할 수 있습니다.

오늘의 컨디션은?

오늘의 목표는?

오늘 아이가 가장 즐거워한(몰입한) 순간은?

오늘 아이가 가장 힘들어한(화가 난) 순간은?

아이에게 해주고 싶은 격려의 말 한마디

_____년 _____월 _____일 _____요일 날씨 _____

오늘의 긍정 확언
나는 화가 날 때 내 마음을 들여다볼 수 있습니다.

오늘의 컨디션?

오늘의 목표는?

오늘 아이가 가장 즐거워한(몰입한) 순간은?

오늘 아이가 가장 힘들어한(화가 난) 순간은?

아이에게 해주고 싶은 격려의 말 한마디

_____년 _____월 _____일 _____요일 날씨 _____

오늘의 긍정 확언
나는 아이가 가진 가능성을 발견할 수 있습니다.

오늘의 컨디션은?

오늘의 목표는?

오늘 아이가 가장 즐거워한(몰입한) 순간은?

오늘 아이가 가장 힘들어한(화가 난) 순간은?

아이에게 해주고 싶은 격려의 말 한마디

_____년 _____월 _____일 _____요일 날씨 _____

오늘의 긍정 확언
모든 아이는 스스로 해낼 힘이 있습니다.

오늘의 컨디션은?

오늘의 목표는?

오늘 아이가 가장 즐거워한(몰입한) 순간은?

오늘 아이가 가장 힘들어한(화가 난) 순간은?

아이에게 해주고 싶은 격려의 말 한마디

_____ 년 _____ 월 _____ 일 _____ 요일 날씨 _____

오늘의 긍정 확언
나는 주변에 친절을 베풀 수 있습니다.

오늘의 컨디션은?

오늘의 목표는?

오늘 아이가 가장 즐거워한(몰입한) 순간은?

오늘 아이가 가장 힘들어한(화가 난) 순간은?

아이에게 해주고 싶은 격려의 말 한마디

_____년 _____월 _____일 _____요일 날씨 _____

오늘의 긍정 확언
나는 주어진 것에 만족할 수 있습니다.

오늘의 컨디션은?   😊

오늘의 목표는?

오늘 아이가 가장 즐거워한(몰입한) 순간은?

오늘 아이가 가장 힘들어한(화가 난) 순간은?

아이에게 해주고 싶은 격려의 말 한마디

『선생님도 어렵다 별난 아이 키우기』 부록

비매품